U0035732

思想觀念的帶動者
文化現象的觀察者
本土經驗的整理者
生命故事的關懷者

Self Help

顛倒的夢想，窒息的心願，沈淪的夢想
為在暗夜進出的靈魂，守住窗前最後的一盞燭光
直到晨星在天邊發亮

這不是你的錯

對自己慈悲，撫慰受傷的童年

It Wasn't Your Fault :

Freeing Yourself from the Shame of Childhood Abuse with the Power of Self-Compassion

作者—貝芙莉・英格爾（Beverly Engel）

譯者—廖婉如

謹將本書獻給至今和我相遇的所有個案，

你們給我啟發，讓我知情，也帶來療癒。

你們的力量、勇氣與堅定，在在令人肅然起敬。

{目次}

來自各界的療癒好評

以無比的清晰和仁慈，作者直截了當地點出童年受虐暗藏的核心——羞恥。讀者會聽出這位過來人的真摯心聲，隨著她溫柔地引導讀者以慈悲心對待自己，而展開療癒。這是一本融合自我慈悲的理論、研究和練習的巧妙結晶，專為受苦已久的人寫的書。我再怎麼大力推薦都不夠。

——克里斯多福‧葛莫（Christopher Germer）博士，哈佛
醫學院的臨床教授，《自我慈悲的靜觀正念之道》作者

這本書深刻地解析了羞恥感讓昔日受虐的傷痛難以癒合的各種情況，同時也勾勒出一套強而有力的方案，幫助你運用自我慈悲來掙脫這些束縛。閱讀的同時，療癒已經展開。

——克莉絲汀‧聶夫（Kristin Neff）博士，
《寬容，讓自己更好》作者

在這本流暢的書中，貝芙莉‧英格爾以深入淺出的分析，讓我們理解羞恥的本質及其帶來的傷害。她也清晰地指出，慈悲何以是羞恥的一大解藥。畢竟，對我們喜歡的人做到慈悲很容易，但真正的慈悲展現於艱難的處境中。讀過這本書的人，無不深刻洞察到我們有多常以問題重重的方式對待自己，以及培養慈悲心的重要性——面對我們內心的掙扎煎熬，慈悲以對並非容易的選項，這是一條勇敢的道路。我再

怎麼推薦這本書都不夠，它研究充分、內容詳實又助益良多。對於在自我懷疑和批判之中矛盾掙扎的人，這是一份厚禮。

——保羅・吉伯特（Paul Gilbert），《慈悲的心念》作者

貝芙莉・英格爾為國際知名的家庭與婚姻治療師，她提倡「慈悲心治癒方案」，幫助童年時期有過受虐與性侵遭遇的人療癒羞恥感。人倘或能對自己慈悲，便可解放心量，生出佈施眾生以慈悲的能力。做為一本自助手冊，《這不是你的錯》淺顯易讀，當中蘊含的反思亦值得品味。

——洪素珍，國立台北教育大學心理與諮商輔導學系副教授

第一次向太太說出我童年被性侵的經驗時，羞恥感籠罩著我，我就像三歲的小孩，深怕自己做錯了什麼。在復原之路開始時，我參閱的便是貝芙莉・英格爾的著作，她帶來了明確的方向與啟發。《這不是你的錯》有系統地總結受虐的羞恥感帶來的傷害，讓讀者能循序漸進地增進自我理解，並釐清傷害的來源，是復原之路上有力的盟友。

——陳潔晧，插畫家、《不再沉默》自傳作者

十年來，我因為工作的關係受理了許多校園性侵及虐童案，在心理治療資源有嚴重的城鄉差距，或部分受害者無法信任他人的情況下，這本書有具體可行的做法與步驟，讓受害者可以練習自助而獲得自由。《這不是你的錯》不僅適合受害者讀，也很適合父母、老師及助人工作者讀，它有助於我們

理解受害者的感受與想法，而提供更好的陪伴。

——張萍，人本教育基金會南部辦公室主任

致謝詞

我由衷感謝許多睿智的老師、研究者和作者，他們幫助我更深入了解羞恥、慈悲心和自我慈悲的概念。首先我要感謝考夫曼（Gershen Kaufman）對於羞恥的傑出研究，包括他所著的《羞恥：關懷的力量》（*Shame: The Power of Caring*）一書。你在羞恥這主題上的精闢見解無人能及，拜讀你的著作讓我受益良多。其次，我要感謝修復式正義運動中的先進們讓我學到，能教化罪犯的不是羞恥心，而是慈悲心。

我深深受惠於聶夫（Kristine Neff）在自我慈悲上的卓越研究、她的著作《寬容：讓自己更好》＊和她的網頁http://www.selfcompassion.org，不僅使我在寫這本書的過程從中獲益匪淺，我的很多個案也得到莫大的幫助。我要特別感謝吉伯特（Paul Gilbert），他是《慈悲的心念》（*the compassionate mind*）一書作者，也是把自我慈悲納入治療工具的研究先驅之一，他對慈悲的廣泛研究，尤其是和羞恥相關的部分，讓我深受啟發。

我也要感謝葛莫（Christopher Germer）的著作《自我慈悲的正念之道》（*the mindful path to self-compassion*），以及布萊克《全然接受這樣的我》（*Radical Acceptance, Tara*

＊ 編按：中文版由天下文化發行

Brach）這本具有革命性的書籍，這兩本書對我和個案來說都是絕佳的資源。最後，當然同等重要的，我也要對達賴喇嘛、甘地、曼德拉、馬丁路德‧金恩博士等等，教導我們慈悲才是根本療癒之道的所有偉人致敬。

我要特別感謝新先驅（New Harbinger）出版社的所有同仁，格外感謝特約編輯柯藍西（Clancy Drake），她細膩精準的編輯功力讓這本書達到最佳狀態。

引言

我的人生充滿了羞恥，
我甚至無法想像活得像個正常人是什麼感覺。

——太宰治

　　如果你曾在童年時受到虐待或被忽視，你會懂得羞恥（shame）的滋味。也許，你一輩子都為羞恥感所苦。你會有羞恥的感受，很可能是因為自責（「如果我關心爸爸，他就不會打我了」），或是因為你覺得受虐很丟臉（「我沒有自我防衛實在太沒用了」）。被性侵的人受到羞恥感的折磨最深，然而在身體、言語或精神上受虐的人也會責怪自己。以被性侵的孩子為例，不管他們聽到多少次「這不是你的錯」，他們通常依舊會在某方面責怪自己——怪自己太順從；怪自己沒對別人吐露實情，結果讓性侵持續下去；怪自己行為或衣著不當而「勾引」加害者；或怪自己從中感受到些許身體的愉悅。

　　若你受到身體、言語或精神虐待，你可能怪自己「不聽話」而讓父母或其他照顧者生氣，所以他才會罵你或打你。孩子受到虐待或忽視時通常會怪罪自己，因而在內心告訴自己「媽媽會這樣是因為我不乖」或者「沒人要理我是因為我不值得愛」，即便你長大成人也會持續這種合理化的想法、忍受別人惡劣的對待，只因你認定這一切是罪有應得。相反的，假如有好事降臨，你會認為自己根本不值得遇上好事，從而感到渾身不對勁。

　　你也會因為受虐的事情曝光而深感羞恥。假如你把受虐的事說出來，你會因為自己出聲抗議所招致的後果而責怪自己，譬如父母離異、讓傷害你的人去坐牢、家人得上法庭等等。

受虐兒童會因為受虐經驗而做出一些事，並對自己做出這些事感到羞恥。比方說，或許是因為無法對施虐者表達憤怒，他們很可能會把憤怒發洩到更弱小的人身上，或對弱者施加傷害，譬如弟弟妹妹。他們可能變成學校裡的惡霸，或忤逆權威人物，或有偷竊、吸毒或其他反社會的表現。曾遭性侵的小孩，很可能會把更年幼的孩子捲入性傷害之中，造成惡性循環。

你也會因為做出傷害自己和他人的事而感到羞恥，譬如酗酒、嗑藥、性關係混亂或犯法。童年受虐的人，長大後可能會把對自己好的人推開；對自己的伴侶施以精神虐待或身體虐待；或者讓受虐變成慣常模式，讓自己的孩子目睹虐待，更糟的情況就是虐待自己的孩子。曾經受虐的人，可能會在精神、身體或性方面侵犯或虐待自己的孩子，或者因為沒有照顧能力而遺棄孩子。

《這不是你的錯》將探討受虐者的羞恥感顯現在這些方面的情形，好讓你更加了解自己以及自己的行為。有了這樣的理解，你會原諒自己，最終能夠徹底消除在很多方面損害於你的羞恥感。事實上對大多數受虐者來說，羞恥是受到虐待或忽視所導致的最具威脅的影響之一，可能還是最嚴重的一種。除非能治癒這種具破壞力的羞恥感，否則它在生活各方面所衍生的問題，會讓人處處受苦。

羞恥感如何影響曾受虐的人

如果你曾在童年時受到虐待或被忽視，羞恥感會影響你生活的方方面面，從自信心、自尊心、自我的身體形象，到你與他人的關係、經營親密關係的能力、成為好父母的能

力；從工作表現到學習新事物，或是照顧自己的能力。羞恥感是許多個人問題的根源，這些問題包括：

● 自我批判和自責。
● 自我忽視。
● 自我毀滅的行為（譬如吃得過量或過少而傷害自己的身體、酗酒、嗑藥、抽菸成癮、自殘或易遭意外）。
● 自我破壞的行為（挑起與所愛之人的爭執，或破壞自己的工作）。
● 完美主義（因為很怕被挑錯）。
● 深信好事不會落到自己身上。
● 深信假使有人真的了解你，他們會討厭你或覺得你令人反感。
● 討好別人。
● 容易挑剔別人（把羞恥感加諸於他人身上）。
● 容易發怒（常常鬥毆，或開車時容易發怒）。
● 對抗社會（違規或違法）。
● 重複受虐或施虐的行為，讓虐待的行為持續下去。

　　受虐經驗基本上都會在受虐的孩子身上造成改變，這不只是因為他們受到了創傷，更因為他們覺得失去了純真和尊嚴，並背負著羞恥的沉重負荷。受到精神虐待、身體虐待和性虐待的孩子可能會被羞恥感壓垮，使得潛能的發展完全受阻。他的內心很可能一直停留在經歷受害過程（victimization）的年紀，終生不斷地一次次重演虐待情事。
　　不論遭受哪一種虐待，羞恥感都是核心問題，它深深牽動著受虐者和施虐者的行為。羞恥感會以幾種方式驅動著虐待的循環：

- 羞恥感會讓受害者不敢相信自己值得被愛、被善待和被尊重；結果之一是他們始終留在受虐的關係裡。
- 羞恥感會使得受害者相信自己受到無禮和輕蔑是應該的。
- 羞恥感會驅使人去羞辱、汙衊自己的伴侶或小孩。
- 虐待他人的人，通常是在藉此擺脫自己的羞恥感。
- 羞恥感很可能會導致情緒爆發，挑起會觸發虐待行為的憤怒。

童年受虐所導致的羞恥感，常常會以下列一種或多種方式表現出來：

- 它會讓受害者用批判性的自我對話來羞辱自己，或者引發酗酒、嗑藥、破壞性的飲食行為，或其他傷害自己的形式。接受戒毒的人之中有三分之二，提到兒時曾受到虐待或被忽視（Swan, 1998）。
- 它會讓受害者發展出受害的行為模式（victim-like behavior），因此他們會預期並接受他人的虐待行為。在受虐婦女庇護所中，高達百分之九十的婦女提及小時候曾受到虐待或被忽視（美國健康與人道服務部，2013）。
- 它會讓受虐者變得容易施虐。曾經受到虐待或被忽視的兒童，大約有百分之三十長大後會虐待自己的孩子（美國健康與人道服務部，2013）。

要去面對羞恥感在人生中所帶來的各種問題，是很令人卻步的。要如何療癒羞恥感，這問題也會把人壓得窒息。好消息是，你並不孤單，有成千上萬的人正面對著同樣的問題。更好的消息是，羞恥感是有方法可以對治的。《這不是

你的錯》會一步一步帶領你走完療癒羞恥感的旅程，讓你開始用不同的眼光看待世界，不再被你是「不如人」的、不足的、受傷的、沒有價值或不值得愛的等等想法所蒙蔽。

慈悲心和自我慈悲的療癒力

　　幾年前，我在工作上越發感到挫敗。我擔任心理治療師已三十五年，以處理童年受虐的個案見長，始終努力在尋找有效的方法來幫助個案消除令人耗弱的羞恥感。我並不孤單，很多心理治療師和相關從業者長久以來都深知，羞恥是被虐待過的人最揮之不去的感受，個案在化解這種感受的過程中也格外艱辛。我自己也有對付這種頑固羞恥感的經驗：經過多年的治療，我仍在努力對抗著自身的兒時受虐經驗所引發的羞恥感。

　　我決心要找到一個方法來幫助童年受虐的人對治羞恥感，我越來越肯定，羞恥感是創傷帶來的最嚴重的後果。經過五年的研究，我得出一個結論，**慈悲心**（compassion）就是對治羞恥感的藥方。羞恥感就像毒藥，個案若想得救，就需要另一種物質當做解藥來中和毒性。唯一能把羞恥感那使人孤立、帶來羞辱、令人耗弱的毒性抵銷掉的，就是慈悲心。

　　我深知慈悲心對於個案們的療癒力量。我也熟讀愛麗絲‧米勒（Alice Miller）的著作，她深信童年曾受虐的人最需要的，就是她所謂的「知情見證者」（compassionate-witness）來確證他們的經驗，支持他們走過痛苦（Miller, 1994）。我親身體驗過擔任一名知情見證者能帶給個案什麼樣的療癒效果，也深深體驗過在一名有同理心的治療師協助下，我如何脫胎換骨。

近年來，很多研究者關注「慈悲心」這個主題。他們的論文裡最值得一提的是，他人的善意、支持、鼓勵和慈悲，對於我們的大腦、身體及整體的健全感有著巨大的影響。慈愛和善意甚至會影響人類基因的表現，尤其是在生命初期（Gilbert, 2009; Cozolino, 2007）。

隨著我的研究持續進行，我發覺儘管我更充分地理解了慈悲心的療癒力，但我尚未真正體認到對於接受心理治療的病人，尤其是童年受虐過的人來說，**自我慈悲（self-compassion）**的重要性——也就是在發覺自己的不足、遭遇挫敗，或在平時感到痛苦的情況下，以慈悲心對待自己。在二〇〇三年，克莉絲汀·聶夫（Kristin Neff）發表了兩篇論文中的第一篇，對自我慈悲加以定義，並闡述如何加以測量（Neff, 2003a; Neff, 2003b）；在此之前，自我慈悲從未被正式研究過。如今，以自我慈悲為主題的文章與論文已經超過兩百篇。

在這些研究文獻裡最一致的發現之一，是個案越能夠自我慈悲，接受心理治療的期間越短（Barnard and Curry, 2011）。最近一項綜合二十篇研究的後設分析顯示，自我慈悲對於憂鬱、焦慮和壓力有著正面的作用（MacBeth and Gumley, 2012）。

自我慈悲似乎也可以緩和人們對於負面事件——尤其是創傷——的反應，而提升復原力。吉伯特和普羅克特（Gilbert and Procter, 2006）認為，自我慈悲之所以能夠提供情緒的復原力，是因為解除了面對威脅的防禦系統。研究也指出，受虐的個體若具有較高度對自我慈悲的能力，比較能夠應付令人沮喪的事件（Vettese等，2011）。

有證據顯示，自我慈悲的程度可以用來診斷創傷後壓力症候群的輕重。一項針對經歷過意外或重症等創傷事件，表

現出創傷後壓力症候群的大學生所做的研究顯示，那些較能自我慈悲的人，比缺乏自我慈悲的人所表現出的症候群現象更少。特別是，那些較能自我慈悲的人比較沒有逃避情緒的現象，也比較能夠自在地面對和創傷經驗有關的想法、感受和感知（Thompson and Waltz, 2008）。

最後，自我慈悲不僅是可以幫助童年受創者復原的關鍵因素，這項特質到頭來也是減緩羞恥感的一大關鍵。研究顯示，受創的人會經驗到重度的羞恥感和罪惡感（Jonsson and Segesten, 2004），這確認了我長年以來治療童年受虐者的體會。羞恥感也被認為是一系列心理問題和攻擊傾向的重大成因（Gilbert, 1997; Gilbert, 2003; Gilligan, 2003; Tangney and Dearing, 2002）。研究也發現，焦慮、羞恥和罪惡感的降低，以及表達悲傷、憤怒和親近感之意願的提升，都和較高度的自我慈悲能力有關（Germer and Neff, 2013）。

我也發現有一名臨床醫師運用了自我慈悲的能力，來幫助有嚴重羞恥感和自我批判的人，他是《慈悲的心念》一書作者，保羅·吉伯特（Paul Gilbert）。一項針對吉伯特的「慈悲心訓練」（CMT，一種團體治療模式，對治羞恥感、罪惡感和自責格外有效）之效能所進行的研究發現，該訓練大大降低了憂鬱、自我攻擊、自卑感和羞恥感（Gilbert and Procter, 2006）。

研究也指出，自我慈悲是對付自我批判的一帖解藥，而自我批判是具有嚴重羞恥感的人的一大特質（Gilbert and Miles, 2000）。自我慈悲會大大地促進催產素的分泌，催產素這種荷爾蒙會提高信任、鎮靜、安全、寬容以及連結的感受。自我批判對人體的作用就大不相同了。杏仁核是大腦最古老的部分，作用在於迅速偵測出環境裡的威脅。當人遇上威脅，就會產生迎戰或逃離的應急反應，也就是說，杏仁核

會傳送訊號，使得血壓、腎上腺素、皮質醇上升，集結所需的力氣與精力來面對或避免威脅。雖然這個系統經過演化而來，目的是為了應付身體所受的攻擊，但也會因為情緒上的攻擊而被激發，不管攻擊的來源是自身或他人。久而久之，高水位的皮質醇會耗盡與體驗愉悅有關的神經傳導素，進而導致憂鬱（Gilbert, 2005）。

神經學上的證據也顯示，自我仁慈（self-kindness，這是自我慈悲的一大部分）和自我批判，就大腦功能的運作而言是完全相反的。新近的一項研究運用fMRI（功能性磁振造影）科技來檢視個體對挫敗的反應。受試者接受腦部掃描的同時，被告知某個假設性的情境，譬如「連續接到三封求職被拒的信」，然後想像用自我仁慈或自我批判的方式回應這情況。自我批判與前額葉皮質區，以及大腦背側前扣帶迴的活動有關，這兩個部位是大腦處理錯誤和解決問題的部位。自我仁慈和肯定自己則與左顳葉和腦島活化有關，這兩個部位處理的是正面情緒和慈悲心（Longe等，2010）。聶夫說得好：「自我仁慈並非把自己看成有待解決的一個問題……而是把自己看成值得關懷的一個重要人物。」（2011）

我格外感興趣的是神經學領域對慈悲心的新近研究，因為它關係到羞恥感——也就是說，我們如今知道了自覺不值得愛和感覺羞恥將如何阻塞神經迴路，以及這兩者在神經學上的一些相關性。最重要的是，由於大腦有生長新的神經元和突觸的能力，我們可以透過自我同理（self-empathy）和自我慈悲的新經驗，來積極修復與羞恥有關的舊記憶。

基於我的研究，我決定除了以慈悲心對待個案所受的苦之外，我還必須教導他們如何持續地自我慈悲，才能療癒他們所經受的層層疊疊的羞恥。

把自我慈悲當作一項療癒工具，是個相對新穎的概念。

多年來治療師一直教導個案們如何呵護「內在小孩」，就很多方面來說，這是個很成功的治療策略。不過教導個案自我慈悲則更為深入。這方法幫助受害者更深刻地觸及童年的苦難。這讓他們和受虐的記憶聯繫，但是與之隔著一段距離，也就是說，並非真正地再次經驗受虐情事，而是回想起這段經歷，彷彿他們慈悲地見證著自己的經歷。這麼一來，他們可以對當時年幼的自己生出慈悲心，但毋須**變成**當時的自己。這方法既可以降低個體因記憶而再次受創的可能，並讓他們成為自己從小所渴望的慈愛守護者和庇護者。這方式提供了個案療傷止痛的一種方式，並學會以更慈愛和仁慈的方式對待**今日的**自己。

慈悲心治癒方案

結合了我對慈悲心和自我慈悲的理解，以及多年來治療童年受虐個案的點滴匯聚的體悟，我專為有受虐經驗的人打造出一套治療方案，擺脫羞恥感的折磨。我的「慈悲心治癒方案」（the compassion cure program）以關乎自我慈悲、慈悲心、羞恥感以及修復式正義的開創性科學研究為基礎，輔之以真實的案例（為保護個案隱私，內容經過改編）。這個專屬的歷程和練習，能夠幫助受害者減少或消除那沉甸甸地壓著他們、讓他們受困於過往之中的羞恥感。

藉由學會練習自我慈悲，你會摒除根植於羞恥感的信念，譬如自己是沒用的、無能的、糟糕的或不值得愛的。受虐的被害者應付這些不實但強大的信念的方式，通常是不加理會，或者自大和過度表現，藉此說服自己是有用的、有能力的，又或成為吹毛求疵的完美主義者。這些策略會耗上大

量精力，但並沒有效果。相反的，積極去面對、認清、確證和理解羞恥感，才是克服它的方法。

別去否認羞恥感以及它所衍生的感受，而是要把它攤在陽光下。別為你的羞恥感到可恥，而是接納它。別老是從自身之外去尋求贊同與認可，而是學著從內心看重自己。我的慈悲心治癒方案是以自我慈悲為基礎的練習，將幫助你完成這些任務。

我的親身經歷：
童年飽受虐待、忽視和羞辱，毫無快樂可言

雖然我打造出「慈悲心治癒方案」是要幫助因羞恥感而受苦的個案，但我對羞恥感這個主題以及如何進行療癒的關注，卻是來自我親身對治它的個人體會。我這輩子最艱苦的一件事，就是試圖消除童年時被忽視、在情緒上和身體上受虐待，以及遭受性侵所帶來的羞恥感。從小到大，羞恥感深深糾纏著我。我對於自己的感覺、如何關照自己、如何看待自己的身體和性慾、如何與人交往、如何選擇朋友和情人，乃至於我的職業生涯，都深受羞恥感所左右。

由於我親身受過三大類型的虐待，兒時也曾被忽視，我想我很能夠體會受虐者的感受。我們的個人遭遇無疑都是不同的，但是我很肯定這其中也有很多相似之處。曾於童年受虐或被忽視的人同屬一個特殊族群，我們可以從彼此的支持得到無比的力量。我希望透過這本書與你們聯繫，同時提供多年來從我個人的療癒過程，以及和個案會談之中點滴匯集而成的體悟。我也將和你們分享我個人對付羞恥感的經驗，以及走向療癒的心路歷程。

雖然我不記得自己有過毫無羞恥感的時光，但證據顯示

那樣的歲月曾經存在。我有一張自己約莫六個月大時的相片，相片中的我笑著，雙眼閃耀。我看起來不只是快樂，而且光彩煥發，充滿喜悅。

我有另一張自己四歲時的相片。相片中的我眉頭深鎖，看起來很憤怒。眼神裡的光彩不見了，換上了黑暗空洞的眸子。這張相片讓我想起罪犯的眼神——充滿了恨意和蔑視。

那三年半的時間發生了什麼事？是什麼奪走了我眼裡的光彩和開心的笑容，填入黑暗、空洞與恨意？答案是羞恥。羞恥取代了我的純真、歡喜和活力。羞恥讓我築起了一道牆來防禦。

我要防禦的對象是我的母親，一個內心也充滿羞恥的女人，她不得不把羞恥加到我身上——加到我這個她不想要、又時時提醒著她自身羞恥的孩子身上。

除了被母親忽視，並受到她帶來的精神及身體虐待，我在九歲時被性猥褻，在十二歲被性侵。到了我被性侵那時，我已經認為自己非常有問題。我覺得自己是母親的包袱，而且令母親失望至極。當我遭到性侵時，以往覺得自己不夠好的感覺，更是轉成了自我厭惡。

被性侵讓我覺得身上被畫了永久的記號，彷彿人人都可以看出我有多麼邪惡、骯髒、惹人厭。我覺得自己徹底毀壞、毫無價值；假使有人對我好，我還會感到吃驚。我覺得自己不值得人家對我好，所以我不是毀損與人的關係，就是把性帶入關係裡。

一如童年受虐的很多受害者，童年的遭遇在我內心深處疊上了層層羞恥，而這羞恥感也成了我性格一部分。羞恥感滲透到我生活的每一面。因為這耗損人的羞恥感，我一輩子都在與自己的體重對抗，我差點酗酒成癮、牽扯上相關的問題，包括險些賠上自己和他人的性命。因為這耗損人的羞恥

感，我曾經有過混亂的性關係，置自身於險境，在性愛上也沒有採取任何保護措施。因為這耗損人的羞恥感，我墮入虐待的惡性循環，持續成為被害者也成為加害者。

我慢慢明瞭，找出療癒之道、消除我個人以及我個案們的羞恥感，就是我的使命。羞恥感對我的人生造成莫大的毀壞與耗損；而非得從中走出來的意念，帶我走到美妙的地方，遇上了不起的人物。它引領我走上治療師兼作家的生涯，讓我遇見兩位很出色又慈悲為懷的治療師，引介我認識修復式正義、非暴力溝通、佛教和正念（mindfulness）。它帶我走上慈悲之路，接觸愛麗絲．米勒、甘地、馬丁路德．金恩博士、曼德拉和達賴喇嘛的教誨。

羞恥感把我從一個純真、開放且充滿喜悅的六個月大的娃兒，變成有戒心、憤怒又不快樂的四歲孩子；而我想擺脫羞恥感的決心，再度把我帶回心胸開放的喜樂狀態。今天的我，是我生來該有的模樣——心胸開放、慈愛、喜樂、充滿善意。這是我們所有人天生應有的模樣。

我一輩子受到羞恥的折磨。我不敢說我已經徹底把羞恥感一掃而空，但是拜慈悲心和自我慈悲所賜，我清空了絕大部分。花了一輩子的時間才完成這件事，說來遺憾。然而你不必如此。我花了很長一段時間努力尋找解藥，我現在可以很開心地說，我找到了。我要把這個方案提供給你，這是我能給你最棒的禮物。

在本書的第一部分，我仔細探討了童年受虐和羞恥感之間的關係，特別是讓受害者深陷其中的那些具破壞性的痛苦想法、感受和行為是如何起作用的；這個部分也帶出了自我慈悲的概念和練習。第二部分呈現了很多受虐過來人在學習自我慈悲的概念和練習時，所遇到的障礙；這個部分也提供了練習自我慈悲的準備步驟，包括與自我慈悲的概念相互配

合的思考和行動方式。第三部分則概述慈悲心治癒方案，並一步步教你如何達成它的每個面向。

「慈悲心治癒方案」有五個要素：(1)自我理解，(2)自我寬恕，(3)自我接納，(4)自我仁慈，(5)自我鼓勵。這些重點在第七至十一章將有詳細的討論。你也許會花好幾個禮拜甚或好幾月才能完成這整個方案，因為你會想要練習完某一章裡的步驟再進行下一章的練習。我會強烈建議你完成每一項練習，這些練習是為了盡可能地讓你受惠於每個要素而設計出來的。讀過我先前幾本書的讀者反應，當他們花時間完成這些練習後，發覺收穫更多。有些人是把整本書讀完才回過頭去做練習，有些人則說每讀完一章就做相關的練習，效果最好。

由於羞恥感會造成自我毀滅的行為，譬如自殺的念頭、不顧一切地莽撞行事，還有自殘，假使你跟著這本書做練習時出現以上這些徵狀，一定要尋求專業的協助。

第一部

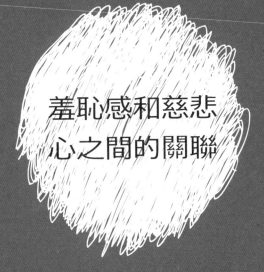

羞恥感和慈悲
心之間的關聯

第一章

童年受虐的經驗如何導致羞恥感？為什麼？

羞恥是別人對你說的，一則關於你的謊言。

——阿娜伊絲・寧（Anaïs Nin）[1]

　　假使你是童年受虐的倖存者，你很可能仍在它的負面影響下繼續受苦。這些負面影響包括完美主義、自我批判、自我忽視、自我毀滅（自我傷害、自殺企圖）、成癮（酗酒、嗑藥、購物、賭博、偷竊、性、工作狂）、飲食障礙、搞砸情感關係或職業生涯的傾向、有施虐的傾向或者總是選擇會施虐的伴侶。你可能為了自身的問題而向某些管道尋求協助，也許是加入十二步戒毒計畫、支持團體或個人諮商。不過有一種童年受虐的後果你大抵還無法擺脫，無論你曾接受多少協助。那就是令人耗弱的羞恥感——有童年受虐經驗的成人所面對的最大障礙之一。

　　身為諮商師，我執業三十五年來最擅長的就是處理童年受虐的成人個案。我發現我的個案大多數都深受羞恥感所苦，這種羞恥感有著吞噬一切的力量，對生活的每個面向造成負面影響，包括對自己的看法、與他人的關係、與愛人親密的能力、承擔風險並成就事業的能力，以及身體和情緒上整體的健全等等。雖然說，人難免有感到羞恥的時候，許多

1　編註：古巴裔美國作家（1903-1977）

人也都有和羞恥相關的問題，但是比起其他族群，曾在童年受虐的成人感到羞恥的情況更加頻繁，和羞恥感有關的問題也多上許多。

這是因為，感覺羞恥是受虐後的自然反應。虐待究其本質，就是羞辱人、喪失人性的舉動。受虐者感覺被侵犯或被糟蹋，因為無助和任人擺布而感到羞恥。童年被性侵過的人，這種感覺最為深刻，不過任何形式的虐待都會讓人生出這種感受。

舉例來說，身體的受虐不僅僅是身體受到攻擊，對受害者的人格也是一種汙衊。任誰都沒有權利攻擊我們的身體——這是一種侵犯。精神上的虐待也被形容為「扼殺靈魂」（Hirigoyen, 2000）。經常的批評、辱罵、貶低、無理的期待和其他形式的情緒虐待，就跟身體虐待和性侵同樣具有傷害性，會引發羞恥感；包括我在內的一些專家相信，精神虐待的不良影響可能比其他形式的虐待更長久、後果更深遠。受忽視也會讓孩童感到羞恥，讓孩子有「如果媽媽不夠愛我、不想照顧我，一定是我很沒價值」的想法。除了這麼想之外，孩子還能怎麼解釋自己為什麼會被父母忽視或遺棄呢？

曾在童年受虐的人會感到羞恥還有一個原因，那就是生而為人，我們都想要相信自己能夠自我掌握。當這樣的掌握感遭遇了任何形式的受害過程，我們就會感到被羞辱。我們認為自己應該要有能力自我防衛，若我們沒有做到，就會感覺無助、無力。無力感會導致羞愧，進而產生羞恥感。

對孩子來說，當父母虐待他，在身體和人格上侵犯他，他會格外感到羞恥。身體的虐待尤其會傳遞出「這個小孩很『壞』，很『不值得愛』」的訊息。孩子最想要的就是父母的愛與接納。因為父母的愛如此重要，孩子會為父母的行為找各種藉口，甚至為父母虐待的行為找理由。最後孩子往往

會怪自己不好，才會「造成」父母虐待他，並且會產生「如果我聽爸媽的話，他們就不會那麼生氣了」，或者「我讓爸爸失望，難怪他老是看我不順眼」等想法。

羞恥：最具破壞力的情緒

哪種情緒最具破壞力？大多數人都會回答「憤怒」或「恐懼」，但事實上是「羞恥」。羞恥是殘酷、暴力和毀滅性的關係之源頭，也是很多上癮症的核心。羞恥會摧毀一個人的自我形象，其威力之大，其他情緒都比不上，它會讓人深深感到殘缺、自卑、沒用、不值得愛。一個人的羞恥感若是太巨大，他也會深陷於自我厭惡，以至於自我毀滅甚或自殺。

羞恥也比其他情緒更隱伏又無孔不入，且不容易被辨認出來。它會占據你的身心。當你感到羞恥，那就像有人拿針戳你、洩你的氣，讓你感到沮喪、虛弱、癱軟。

在身體反應上，有人形容羞恥就像被火燒灼一樣；有人說感到羞恥時會面紅耳赤，或者麻木——毫無感覺。也有人感到反胃和心跳劇烈。很多人的經驗是說不出話或無法思考，以及強烈地想要逃離現場。

羞恥是一種內在深層的被曝露與無價值的感受。當我們感覺到羞恥，會很想躲起來。這種心理反應會表現在身體上，我們會垂頭縮肩，向內蜷曲身體，好似要把自己隱藏起來。這種身體的表現往往會伴隨著「我很沒用」或「我好蠢」的念頭。深刻地感到羞恥的人，在內心深處潛藏著自己有缺陷或自己討人厭的想法，他們覺得自己沒價值、不值得愛或很糟糕。

羞恥也會讓我們感到孤立、隔絕於人群。歷史上的許多

文化中，踰越社會規範的人會被放逐在外。羞恥的感覺就像遭受驅逐，不配與其他人同在。

羞恥也會讓我們和真實的自我隔絕。為了保護自己，我們打造了一副精美的面具——堆起笑容、討好他人，試著表現出自信——來隱藏真實的自我，讓別人看見我們自認為更好的自己。格森・考夫曼（Gershen Kaufman）在他的經典著作《羞恥：關懷的力量》（*Shame：The Power of Caring*，1992）中說得好，羞恥感「是一種傷害尊嚴、被擊垮、有罪過、不如人、與人疏離的感覺」。

區分羞恥感和罪惡感

即便是在專業的治療師之間，對於如何區分羞恥感和罪惡感（或者說，若兩者之間真有差別）也少有一致的共識。我們不需涉入這項爭議的細節，在此我要點出我認為最有幫助的觀點。

羞恥感和罪惡感很相似，兩者都會讓我們覺得自己很糟糕。不過罪惡感可以理解為，因為違反某個重要的內在價值或行為規範而對自己感到失望，而羞恥感也是對自己感到失望，但並沒有違反任何價值。一如考夫曼的解釋，「這兩種經驗的內涵不同，就像感到不夠格和感到不道德之間有所差異」（1992）。

有些人則是這麼解釋羞恥感和罪惡感的不同：當我們感到罪惡，是因為自己**所做的事**或**疏忽的事**而覺得自己很糟糕。當我們感到羞恥，是對**自己是怎樣的人**感到很糟糕。換另一種方式來說，有罪惡感的人害怕受懲罰，有羞恥感的人則害怕被遺棄。當我們有罪惡感時，我們要學習「犯錯是沒

關係的」。當我們有羞恥感時，我們要學的是「做自己是沒關係的」。

另一個差別是，羞恥感起因於公然曝露了自己的脆弱，而罪惡感是一種私密的感受，起因於達不到自己內在標準的挫敗感。當別人發現或知道我們很無助，我們會感到可恥，也會覺得遭到曝露。不過，如果我們認為自己的問題是自己造成的，我們不會感覺到脆弱或程度相同的曝露感。這可以解釋，為什麼受虐的受害者往往會把受虐的原因怪罪到自己身上。因為比起無助而感到羞恥，感到罪惡相較之下輕鬆得多，也比較不痛苦。

罪惡感和羞恥感之間還有另一個不同點，那就是我們不會因為懷有罪惡感而覺得很糟糕，事實上這常常會被視為好事，尤其是從他人的眼光來看。如果你對自己的所作所為有罪惡感，別人更容易原諒你。但是羞恥比較是一種難以磨滅的烙印，以至於我們甚至會因為感到羞恥而羞恥。這多少是因為羞恥感和自卑感之間有強烈的相關性。我們深信羞恥感應該被隱藏起來，在重視成就與成功的文化裡尤其如此。

「受害者」或「倖存者」？

除了罪惡感／羞恥感之外，另一個需要討論的爭議是：在描述曾在童年受虐的成人時，要用「受害者」（victim）還是「倖存者」（survivor）。你也許已經注意到，我選擇用**受害者**或**昔日受害者**一詞；在本書中我也大多使用這個字眼（在本書末尾才換成**倖存者**一詞）。使用**倖存者**一詞的論點在於，比起受害者這隱含著脆弱或受摧殘之意的詞，倖存者

更能賦予人力量。我完全同意**倖存者**一詞更能賦予人力量，不過多年來有很多個案告訴我，他們抗拒被稱呼為倖存者，特別是當他們的傷害歷程是在近期內發生，或是處於剛開始療癒的階段。

他們告訴我，他們想要決定如何稱呼自己，而且在感受到些許實質的康復之前，**倖存者**一詞並不貼切。受虐的受害者反對被稱為「倖存者」，很可能也是因為這樣的稱呼好似把他們的傷害歷程潤飾美化了，他們也認為**倖存者**一詞讓其他人聽起來比較舒服，而**受害者**一詞才能迫使他們去面對自己真正受害了的事實。

我很重視這樣的回應，所以我大多使用**受害者**或**昔日受害者**來指稱曾在童年受虐、目前仍在復原之路上的成人。這倒不是說我無意讓你們感到被賦予力量——而**倖存者**一詞確實能帶給人力量。也不是說我不相信你們會安然走過恐怖的受虐經驗。更不是說我不願意避開**受害者**一詞來減少你們受害的感受。事實上，作為一個曾經受到虐待的孩子，你確實曾經是受害者，而這一點有其意義。你曾經無法防衛或改變自己所遭遇的事。如今，身為成人，你很可能仍是受害者，深深被隨著受虐經驗而來的羞恥感所折磨。

希望我使用**受害者**一詞對你來說不會是種冒犯。假如你認為自己是**倖存者**，請你在腦中把那三個字替換成**倖存者**，我真心尊重你的選擇。不過，假如你對**受害者**三個字有強烈的反應，我也要請你自問何以如此。你是不是仍在受害的事實裡掙扎？倘若如此，這是因為你仍在內心深處責怪自己嗎？還是你憤恨著有某人可以壓制你、令你感覺像個受害者？想想這些可能性，你不妨稍微鬆綁自己，去感受當時的痛苦、恐懼和憤怒，這對療癒你的羞恥感很有幫助。

在這本書裡，你會遇見我多年來治療的一些個案。（為

了保護他們的隱私，我更改了他們的姓名和會被指認出來的細節）。這些案例將會說明，我如何透過本書裡描述的原則與練習來幫助人們從折磨人的羞恥感中得到療癒。第一則是艾蜜莉的故事。

艾蜜莉的故事：精神虐待和身體虐待引起的羞恥感

艾蜜莉因為自尊的問題來尋求協助。「我對自己的感覺不好，因此任人踐踏，包括我丈夫、同事和朋友。」她說：「我似乎就是不會捍衛自己，就連我的孩子也騎到我頭上。這樣對我不好，而且老是讓孩子予取予求也對孩子不好。他們被寵壞了，沒人受得了他們。」

我問艾蜜莉為何對自己感覺不好，她說她不知道原因。「我就是不太喜歡自己，不喜歡自己的長相。我老是有體重的問題，而且我長得太像我的母親，我不喜歡這樣。」

就像艾蜜莉，很多人尋求諮商是因為自覺有低自尊的問題，並認定這就是他們會百般挑剔自己、無法捍衛自己，就連面對要求過分或施虐的人也束手無策的原因。雖然艾蜜莉確實為低自尊受苦，但這不是問題的肇因，甚至也不是她主要的問題。她對自己的負面感受以及她無法捍衛自己，根源都在於折磨人的羞恥感。

把重點擺在提升個人自尊無法切入問題的核心，尤其是對於過去曾經受過創傷的人來說。艾蜜莉的母親極其挑剔和嚴苛，對艾蜜莉有著無理的期待，要求她在校成績每科都要優等，而且放學回家還要把家裡打掃得一塵不染。如果她做得讓母親不滿意，就常被逼著把事情重做一遍。她母親也經常批評她的長相，大吼著要她站挺，罵她吃太多：「像妳這樣老是吃個不停，總有一天會肥得像豬。」

聽完艾蜜莉的陳述，我絲毫不訝異她會對自己感覺不好、有糟糕的身體形象，還有任人騎到頭上，包括她的孩子。艾蜜莉的母親對待她的方式相當羞辱人。

有趣的是，艾蜜莉並未把她母親的苛待描述成虐待。她甚至替母親找藉口：母親很嚴格，是因為她從小家境貧苦；母親要求艾蜜莉拿好成績，這樣將來才能找到好工作；母親要求艾蜜莉一次又一次地把事情做好，是因為她希望艾蜜莉有負責任的工作態度。

晤談幾次後，艾蜜莉告訴我，有一次她母親對她施以肢體暴力，那是她唯一一次試圖挺身為自己向母親說話。「在我十二歲那年，大概是因為看見學校裡的同學都很有自信，我心想我也要做個有自信的人。所以當我媽要我把銀盤重擦一遍，要擦到亮得可以當鏡子照時，我反抗了。我說：『媽，我已經盡力了，妳這次可不可以放過我？我還有很多功課要做。』」

接下來發生的事，艾蜜莉記得一清二楚。「我媽的臉瞬間漲得好紅。她從椅子跳起來，走到我旁邊，猛地呼了我一巴掌，力氣大到讓我摔在地上。趁我摔在地上嚇得無法動彈，她用腳大力踹我肚子，我幾乎要吐出來。她邊踹邊罵：『妳好大的膽子竟敢頂嘴，妳這個忘恩負義的婊子。』她大吼：『我要好好教訓妳，看妳下次還敢不敢這樣伶牙俐齒！』」

「她抓起我一隻手臂，把我拖到後門，然後真的用腳把我踢出家門。『妳今晚就給我睡外面，這樣妳才會記住，為了讓妳有房子住，我工作得多辛苦。』她聲嘶力竭地大吼。而我確實在屋外過夜──在一張躺椅上睡了一晚。當時是酷寒的冬天，我冷死了。」

艾蜜莉說起這件事時並沒有埋怨母親，也沒有把這件事

和她無法捍衛自己連結起來。相反的，她是要告訴我，她小時候性子有多倔。她把母親虐待和羞辱的行為怪到自己身上。

如果你和大多數曾在童年受虐的人一樣，一輩子為羞恥感所苦，你很可能也跟艾蜜莉一樣對這點毫無所察。完成以下的問卷，評估看看自己是否為羞恥感所苦。

問卷：你是否被童年受虐引起的羞恥感所折磨？

1. 你是否把童年受虐的事怪到自己身上？
2. 你是否認為，要不是你把父母（或其他長輩和兄姊）逼到跳腳，他不會虐待你？
3. 你是否認為，你是個難搞、頑固、自私的小孩，所以受虐是自作自受？
4. 你是否認為，是你讓父母或其他人很難去愛你？
5. 你是否認為，你令父母或家人失望？
6. 你是否覺得，自己基本上是不值得愛的？
7. 你的內在是否有個嚴厲的聲音，幾乎對你做的每件事挑剔找碴？
8. 你是個完美主義者嗎？
9. 你是否認為自己不配過得快樂、不配被愛或不配獲得成功？
10. 你是不是很難相信有人會愛你？
11. 對於善待你的人，你是不是常常不領情？
12. 你是不是會擔心，如果別人真正了解你，他們不會喜歡你或接納你？你是不是覺得自己過著假面人生？
13. 你是不是認為，喜歡你或愛你的人一定有哪裡不對勁？
14. 你是否覺得自己是失敗者？
15. 你討厭自己嗎？
16. 你覺得自己醜陋嗎？無論內在或外在都醜？
17. 你討厭自己的身體嗎？
18. 你是否認為要讓別人喜歡你的唯一方式，就是要順別人的意？
19. 你想討好所有人嗎？
20. 你會在跟別人交談時審查自己的談話嗎？經常小心翼翼地避免冒

犯別人或傷人感情？

21. 你是不是覺得性是你必須提供的唯一事物？

22. 你有沒有酒癮、毒癮？或對性愛、色情、購物、賭博、偷竊及其他事物上癮？

23. 當你失誤或犯錯時，你是不是幾乎不能承認自己有錯？

24. 你是不是對於自己對待他人的方式感到很糟糕？

25. 你是不是會擔心自己到底有什麼能力？

26. 你是否擔心自己有受虐傾向——不管是言語、精神、身體上或性方面？

27. 你是否在一種或多種的關係中，受到言語、精神、身體上或性方面的虐待？

28. 你從前是否覺得自己活該受虐？現在也這麼覺得嗎？

29. 如果一段關係發生了問題，你是否總是怪罪於自己？

30. 你是否覺得再怎麼努力都不值得，因為你只會失敗？

31. 你是不是會蓄意破壞自己的幸福、關係和成就？

32. 你是不是會自我毀滅（有自我傷害的行為，或不顧一切莽撞行事、試圖自殺等等）？

33. 你覺得自卑或事事不如人？

34. 你是否經常編造自己的成就或個人歷史，為了讓別人認為你很優秀？

35. 你是否忽略自己的身體、健康或情緒需求（飲食不當、睡眠不足、不關心自己的醫療狀況或牙齒保健）？

　　這份問卷沒有正式的計分標準，不過如果你大部分問題都回答「是」，你肯定深受羞恥感的折磨。如果你只有幾題回答「是」，你顯然也有羞恥方面的問題。

為何療癒羞恥感是這麼困難？

　　幫助童年受虐受害者復原的人都知道，這個療癒過程包括協助個案說出他們的羞恥感，以及減少羞恥感。然而這過

程說起來很簡單，要做到卻不容易。個案很可能在理智上知道傷害歷程不是他造成的，但還是會因此自責。舉例來說，曾在童年被性侵的受害者也許會一再被告知這件事不能怪他們，但他們仍舊認為事情多少是自己造成的。對很多受害者來說，自責比起面對自己曾遭受所愛的父母、祖父母、手足或親戚的性侵害要容易得多。也有受害者深信，因為被撫摸或得到關注的感覺很好，或者自己還是繼續回到虐待者的家中，這一定意味著自己喜歡這種事，因此自己根本沒有受害，而是自願的參與者。

　　曾遭到肢體虐待的受害者往往會認為，自己讓父母或其他長輩失望，所以自己活該被嚴懲或挨打。我的個案中有許多曾遭受嚴重肢體暴力的人，在聽到我說他們遭到「虐待」時都會和我爭辯，他們的說詞不外乎「你不曉得我當時有多壞，我媽不用藤條根本管不動我」、「每次我被狠狠打一頓都是我活該，我爸說我不打不成材」。

　　不論遭受哪種形式的虐待，除了認定受虐是自己的錯這根深柢固的羞恥之外，還有與暴力本身息息相關的羞恥。這是由於感到無能為力而覺得丟臉的羞恥感，以及被你所愛的大人、你拚命想得到他們的愛的大人拒絕或遺棄而產生的羞恥。面對自己很無力或無助，或自己所愛的某個人遺棄了自己——真相是如此痛苦而駭人，很多人就索性不去面對它。

　　很多父母以為，羞辱孩子才會讓孩子守規矩，因此他們把羞辱當成管教的方式之一。他們認為做父母的要挫挫孩子的銳氣，就像牛仔馴馬一樣。但是最後孩子長大，不是記恨父母的殘酷，就是怕父母怕得要命——或者兩者都是。不管是哪種情況，孩子都經歷了讓他們不知所措的虐待因而心生羞恥，這羞恥感會成為性格的一部分。憎恨父母的孩子因為

沒有空間接受愛，會變得嚴苛。他的心中裝滿了羞恥，塞不進更多羞恥。他會確保自己永遠是「對的」，藉此保護自己。這樣的人往往會變得有控制慾、會羞辱人，且可能會貶低他人。

另一種極端是銳氣被挫光而唯唯諾諾的孩子，他會非常躊躇不定、沉默寡言，以至於無法勇於進取和把握機會。他可能會變得很依賴施虐的父母或他人，也很可能害怕被進一步差辱所以相當順從，從不對權威有任何質疑。當他不認同朋友或父母的想法，很可能不敢大膽表達，也很可能會任人踐踏（我在《乖巧女孩症候群》〔The Nice Girl Syndrome〕一書談過這種現象）。羞辱的做法確實會挫光孩子的銳氣，造成情緒癱瘓。

有些孩子被嚴重地差辱，或遭遇過很多會引發羞恥感的經驗，以至於形成了所謂「根基於羞恥感」（shame-bound or shame-based）的人格。他把羞恥感內化，變成人格形成的要素。根基於羞恥感的人通常受過嚴重體罰、情緒虐待、被忽視和遺棄，而這些無不傳遞出「這個孩子是沒有價值、不被接受而且很糟糕」的訊息。這些虐待行為也傳遞出，「因為這個孩子是沒有價值的，所以大人可以對他為所欲為」。很多根基於羞恥感的人也會為自己的行為感到可恥（起因於在大庭廣眾下挨打或被斥責；被責罵「你是哪根筋不對勁啊？」或「如果你最喜歡的老師知道你這樣，他會怎麼想？」）。

根基於羞恥感的人不是在短時間內遭受單一虐待，他們要不是經驗過持續引發羞恥的虐待，譬如整個童年都遭到性侵；就是從年幼時起，父母便嚴重地差辱他們。舉例來說，他們可能經常聽到父母說「我這輩子都被你毀了」、「真希望我沒把你生下來」或是「你真沒出息」。有時候這些話並沒有真正被說出口，但是父母的行為或態度對孩子所傳遞的

訊息卻有同樣的效果。我的母親從來沒對我說出「妳是個累贅」或「妳真令我失望」這些話來，但是她的行動和態度說明了一切。如此長期受到羞辱，孩子會有嚴重的低自尊、自我價值低落，以及自我厭惡。他們覺得自卑、「糟糕」、不討人喜歡而且跟大家不一樣——這狀態和被羞辱與被虐待很像，但程度上更加嚴重。

內化的羞恥感

內化的羞恥感，牽涉到個人認為自己是誰的深沉感受，它令人感覺自己有缺陷或從來不夠好。這感覺成了自我的基礎，其他關於自己的所有感受，都會以這個缺陷感為根本。羞恥感會變成自我認同的根基。

羞恥感被內化，也意味著自我會自行啟動或經驗到羞恥。因此你不必再被多加羞辱（譬如經驗另一次的受虐事件）也會感到羞恥。事實上，無須再經歷會引發羞恥的事件，你只要被某個與羞恥有關的記憶所觸動，聽到腦中自我批判的言詞，想起自己的限制、自己的失敗，感到被拒絕或丟臉；那麼根基於羞恥的感受、記憶和感知就會傾瀉而出。

根基於羞恥感的人是把羞恥內化的人，他們經常處在自我批判、自我責怪的狀態，或者對他人的批評極其敏感，動不動就生起戒心。他們對自己設下不合理的期待，從不對自己的表現或成就感到滿意。他們可能無法接受別人的讚美，甚或是無法接受他人的愛意或仰慕等正面表達。

有些根基於羞恥感的人會退縮至憂鬱或消極的狀態，他們被羞恥感摧殘得「破碎」不堪。另一些則會以憤怒來抵抗任何羞恥感。儘管大多數人遇到丟臉、貶低或有失尊嚴的情況，都會以憤怒來回應，然而有些根基於羞恥感的人很容易

變得極端敏感與防衛，一感覺到被批評或攻擊就暴跳如雷
——而這種情況也非常頻繁。這是因為他們很會批判自己，
因而認定別人也很愛挑剔他們。他們看輕自己，所以也認定
別人討厭他們。如果你是根基於羞恥感的人，一個揶揄的意
見或善意的批評，可能會讓你氣憤好幾個鐘頭。一感覺到被
別人羞辱，你可能會有好幾個鐘頭讓對方不好過，設法還以
顏色，羞辱回去。

　　一些根基於羞恥感的人也會把憤怒當成防衛手段，趁對
方還沒有機會攻擊時便先發制人。他們其實是在發出這樣的
訊息：「別再靠近我，我不想讓你知道我真實的模樣。」這
樣發怒很有效，打從一開始就把人逼走，或讓人靠近不了。

　　設法抵擋羞恥感的人會築起一道牆，一感覺到他人有任
何批判的徵兆，便會將之阻擋在外。其採行的策略包括：在
別人有機會批評之前先批評對方、拒絕談論自己的缺點、把
批評轉移到他人身上、指控對方撒謊或誇大對方對自己的不
滿，並把自己的羞恥感轉嫁到對方身上。

　　在心裡揣著羞恥，就像有重擔壓在心上。抵禦羞恥的作
為並不會讓羞恥消失，這只會讓羞恥像無法癒合的傷口，持
續化膿潰爛。那麼，要如何療癒童年受虐帶來的羞恥感呢？
答案是正視它，而非逃避。走出否認的狀態、直接面對受虐
的事實和施虐者，都很令人痛苦，但是把自責的羞恥感揣在
心裡，對自己的傷害更大。

為什麼一定要療癒羞恥感，才能走出童年受虐的傷痛？

　　人在經歷創傷以後，尤其是對於曾在童年受虐的受害者

而言，羞恥感會以強大但又令人不察的方式糾纏、折磨著他。這種羞恥感，通常又叫做**根基於創傷的羞恥感**（trauma-bound shame），會阻礙療癒與康復，讓受害者僵在原地、無法原諒自己曾遭受虐待，並認為這是咎由自取。

羞恥感藉由創傷而坐大。它會在很多層面上讓療癒和復原的歷程更形複雜，這些層面包括心理方面（受害者因為自身的脆弱而自責）和精神層面（它會改變受害者和較高權威之間的關係）。更糟糕的是，羞恥感會讓受害者因為害怕曝光而不願意求援。受害者經歷到的每個症狀幾乎都和羞恥感脫不了關係——而這是非得正視羞恥感不可的另一個原因，如果受害者希望能真正康復。雖然走出童年受虐的傷痛還有其他面向的問題要處理，但沒有哪個比消除羞恥感更為重要。一旦你從羞恥當中復原，你會更有動能、力量和精神去處理其他問題。

一旦個案成功地面對並消除了羞恥感，他們會說：

「我覺得自己好像變了個人似的，充滿了精力。我覺得更輕盈、更喜樂——彷彿我可以承接整個世界。」

「我以前老是覺得別人在盯著我、批評我。現在我明白了，批評我的人就是我自己。」

「在我正視羞恥感並了解我為何那麼憎惡自己之前，我過得很悲慘。現在我知道我是個美好的人，我值得活得快樂。我的人生完全改觀了。」

「我以前老是會毀掉每段好關係、每件降臨到我身上的好事，因為我內心充滿羞恥。現在我可以認出它來，並告訴自己我值得擁有愛與成功。我還不是百分百相信，但起碼我不再像以前那樣會把好事推開。」

「我以前會忽視自己的需求，就跟我母親一樣。因為她不

愛我而讓我感覺到的羞恥，實在很恐怖。但我慢慢了解到，她對待我的方式和我是怎麼樣的人無關。事實上，我現在認為因為我小時候沒有得到愛和關懷，我反而可以對自己特別好。這真是天差地別！」

卸下羞恥感的重擔後，這些個案發覺他們對自己的感覺變好了，因而他們更有動力和勇氣去面對療癒過程的其他面向。

慈悲心的治癒力

我之所以把治療方案命名為「慈悲心治癒方案」，是因為我們用來協助你走出羞恥的一大利器就是慈悲心。就像許多中毒的情況一樣，羞恥也有其解藥——那是唯一可以中和其毒性的物質。慈悲心就是羞恥的解藥。

如同前述，所有虐待的發生，都是對自己和他人缺乏慈悲心的緣故。慈悲心治癒方案將教導你一種特定的慈悲心態度與技巧，把你從習慣以怪罪、譴責、自我批判的方式的傾向逆轉過來。如果你已經打造了一堵防禦的牆，以保護自己不被進一步的羞恥感所傷，這些態度和技巧可以幫助你安全地面對童年時引發羞恥感的那些事，讓你不再需要防禦。如果你被虐待與羞辱挫光了銳氣，慈悲心治癒方案會幫助你開始了解遭受虐待並非你罪有應得，而且你值得尊重。

對於受虐一事，不管你應付得如何，慈悲心治癒方案會教導你如何與自己發展一種慈悲的關係。它會幫助你了解自己過去的行為何以如此，並原諒自己為了回應受虐一事而表現的負面行為，不管是酗酒、嗑藥成癮、性成癮、自我傷

害、虐待他人或犯法。

　　一旦你擺脫了羞恥感，你會把世界看得更清楚。你不再覺得孤立或不如人，你會感覺能融入世界、與之平起平坐，彷彿生命歡迎你的回歸。

　　這本書將一步步引導你走過療癒羞恥感的歷程。閱讀我的文字和感受我的支持，我希望你會開始感覺到這一路上我與你同在。你不必獨自面對內心的羞恥感。

【第二章】
羞恥感為何如此折磨人

羞恥是一種靈魂的病。

——席爾文・湯金斯（Silvan Tomkins）[2]

　　約翰對性上癮。和大多數人每日幾次想到性的情況不同，約翰隨時都想著性，而這驅使他每天發生好幾次性行為。「我失去了妻子和小孩、毀了我的事業，我曾有的自尊也蕩然無存。」他在某次會談裡這麼告訴我。「我讓自己陷入極端危險的處境，只要任何人能夠滿足我對性的強迫需求，不管去哪個地方或跟誰，我都願意——特別是危險或違法的性。我還沒得愛滋病，也沒在暗巷被殺死，算是走運的。」

　　珍妮絲也為上癮所苦，她苦於酗酒。來找我之前，她曾在四年內進過三家戒酒治療中心。最後一次住院治療期間，她揭露了自己童年曾遭性侵，也開始懷疑自己打從第一次喝酒開始，就試圖用酒精來麻痺自己。「我厭倦了酒癮反覆發作，」她邊啜泣邊說：「我想要面對被性侵這件事，好讓我不必再酗酒。」

　　亞曼達因為自己無法維持好的情感關係來找我。「我毀掉每一段好的關係，就連與朋友的關係也保不住。如果有人對我好，我多少會把他們推開，所以關係都不長久。我會有一些侮辱和傷害人的言行舉止，對方根本無法和我在一起又

2　美國心理學家（1911-1991）。

同時保有他對自身的良好感受。我從來都不怪他們——換作是我，也不會想搭理像我這樣的人。但在我周圍打轉的都是些卑劣的男人，我似乎不想把他們推開。我想知道自己是哪裡不對勁，以及我為什麼會這樣。」

布萊特找我晤談已經有好一段時間了。他來找我，是因為他發現自己受到太太的精神虐待。諷刺的是，他太太讀過我寫的《感情裡的精神虐待》（*The Emotionally Abusive Relationship*）一書，她認為她才是精神受虐的一方。她要布萊特也看看那本書，結果布萊特發現真正的受害者是他自己。「我真不敢相信，這麼多年來我讓太太那樣對我說話，她不是貶損我就是羞辱我。我真的相信她說的話；我以為她對我的看法才是事實。我現在的看法和以前完全不同，這實在很奇妙。」

這些人的問題雖然大不相同，但有個重要的共通點驅使他們做出那些行為。他們都為羞恥所折磨。他們被羞恥感壓垮，以至於採取自我打擊、自我毀滅的行為。上述的每個人在童年時都曾於某方面受過虐待，這是他們的另一個共通點。不過，驅使他們用不健康的方式來作為的，依舊是受虐後的羞恥感。

約翰從五歲起便遭祖父性侵，直到十歲為止。約翰所感受到的羞恥和隨之而來的處境，天天糾纏著他。「每天一醒來我就開始厭惡自己，厭惡我的身體，厭惡我的陰莖。我痛恨關於自己的一切。我只會把痛苦和混亂帶給每個我愛的人——我祖母就是頭一個。當她得知祖父和我所做的事，她憎惡到把祖父趕出家門。之後她甚至也無法正眼看我，她鄙視我。我的家人很敬愛祖父，大家都怪我讓他再也不能踏進家門一步——就連過節相聚也不行。他們如果想見他一面，只能在外面，而且也要把我支開。」

被性侵、祖父被逐出家門都不是他的錯，他也不需為祖父母的離婚負責，但是對約翰說這些都沒有用。他的好爺爺——他曾經景仰的人——必須孤單地過節，最後在一個小公寓裡孤獨辭世，這全都不是他的錯。但是約翰覺得自己要為一切負責，包括性侵本身以及被揭發之後的餘波；光聽我說的話，無法幫助他明白自己只是個無辜的受害者。他的家人無言地怪罪他讓大家失去敬愛的祖父，以及身為一個年幼孩童的他把遭到性侵的情況表現在行為上，而與他的表親和幾個鄰居孩子有了性接觸。被性侵所引發的羞恥感巨大到讓約翰無法招架，他每天被內心驅使著要把羞恥感外顯出來，這更讓羞恥感加劇。

珍妮絲也遭受過性侵，但她不像約翰那樣被驅使著把性侵重演出來，而是用酒精麻醉自己，以迴避被性侵的記憶。「喝醉是我可以不去想這件事的唯一方法。當我清醒的時候，過往的恐怖情景會一直在腦中閃現，讓我受不了。」

珍妮絲的遭遇，更貼切地說來是遭受性的凌虐而不只是侵害。虐待者是她的父親。他是個虐待狂，幾乎每次性侵她都不忘羞辱她，不管是在過程中以不堪入耳的話辱罵她，或在她身上灑尿，或是刺激她的陰蒂讓她達到高潮，然後再嘲笑她說沒有人能像他那樣滿足她。除了性凌虐本身的羞辱之外，受虐而失去掌控的羞恥感，以及不敢讓家人知情的隱忍所帶來的羞恥感，層層疊疊沉重不堪。

亞曼達把人推開的行為模式，讓我想到自己的遭遇，我馬上心有同感。就像我過去一樣，亞曼達深信自己不配遇上好事，所以她會拒人於千里之外。她曾在精神上遭受母親公然而蓄意地虐待。她母親像是鐵了心要摧毀她的自尊似的。

打從亞曼達小時候起，她母親就經常取笑她的長相和談吐，尤其是她試圖要達成某件事時，母親更是嘲笑不已。她

曾央求母親讓她上舞蹈學校，她母親說：「別浪費妳的時間，也別浪費我的錢，妳那麼胖，又笨手笨腳，當不了舞者。」每當有人讚美亞曼達，她母親就會用「喔，別給她騙了，她可不像她假裝的那樣討人歡心，她骨子裡是個惡魔。」之類的話潑她冷水。這類的話讓亞曼達傷心又尷尬，而且她也不禁懷疑「也許媽媽是對的」，她真的認為：說不定自己就是個糟糕的人。

布萊特從小遭受父母的語言和肢體暴力，他太太的語言暴力和羞辱只是在他原本的羞恥上多加一層而已。事實上，正因為他從小持續受到言語和身體暴力，才會和這樣的太太結婚──一個有控制慾、愛挑剔批評的女人，跟他的父母一樣很難討好。

凡是童年過得健康一點的人，見識過他太太挑剔又有控制慾的行為，肯定會逃之夭夭，然而布萊特不僅習以為常，而且是在無意識裡試圖重演童年創傷，希望藉此把情況拉回正軌。這種反應模式很常見，佛洛伊德稱之為**強迫性的重複**（repetition compulsion）。問題在於經由一次次的重演，布萊特不但沒有消除創傷，反而還加深了創傷。他內心充滿著兒時累積的羞恥感，每次他太太罵他做得不夠好或不夠努力，他耳邊就會迴響起父母數落他的話。不管他多麼努力，就像他從來無法討好父母，他也討好不了太太。布萊特找上我時，簡直只剩空虛的軀殼，內心滿是挫敗，甚至連結束這段凌虐的關係、試著對自己的人生做些改變的動力，也所剩無幾。

這些描述呈現了羞恥感在受害者生命裡造成浩劫和災難的四個例子。這類例子不勝枚舉。在這一章裡，我將描述羞恥感在童年受虐的受害者生活中所顯現的各種樣貌，並且更深入地探討我們對羞恥感的認識有多少。

層層疊疊的羞恥感

　　從受到侵犯的羞辱以及失控感來看，受侵害本身就是一種羞恥的經驗。若長輩以「教養」和「處罰」來掩飾對於孩童在身體或精神上的虐待，當事人還會產生另一層「讓大人失望」的羞恥感。

　　投射（projection）也是童年受虐的羞恥感的一個面向。大部分的施虐者在虐待別人時，就是在把自身的羞恥感投射到受害者身上。事實上，這通常是施虐者的行為動機，無論他多麼渾然不覺。從珍妮絲和亞曼達的例子中就明顯可見。珍妮絲的父親本身就遭遇過恐怖的凌虐式性虐待，於是他把自身的羞恥感投射到女兒身上。換句話說，他的羞恥感已經多到內心裝不下了，所以他把滿溢的部分傾倒到女兒身上。亞曼達的母親在童年時也曾被羞辱，那和她羞辱女兒的方式如出一轍。依照亞曼達的形容，她母親是個嚴苛的人，很喜歡貶低別人。

　　羞恥感的另一個源頭是受虐情事的曝光。這種羞恥感，對被性侵的人來說格外尖銳難受。被性侵本身就是一樁羞恥的事，曝光可能也同樣羞恥，端看重要他人的反應如何。在約翰的例子裡，他祖母的反應格外地羞辱了約翰，她的言語和態度明明白白地把一切怪罪於約翰。事實上，她對待他的方式，彷彿是他誘使祖父猥褻他一樣。更雪上加霜的是，約翰的父母和其他家人，也因為祖父依法不得再踏進家門一步而怪罪約翰（事發當時他和父母都住在祖父母家中）。全家人每每當著約翰的面說祖父一個人獨居很可憐，以及全家人有多麼想念祖父。約翰家人的行為與態度非但沒有幫助約翰從被性侵的可怕羞恥中復原，反倒加重了羞恥的重量。

　　受害者也會因為他吐露實情時，聆聽對象的反應而感到

羞恥。對方若不採信，會加深受害者的羞恥感，尤其是如果對方質問孩子，或是對孩子的吐實大發脾氣。我第一次對母親說我被性猥褻時，她並不相信。因為她早已認定我會說謊，她認定我是捏造事實來「贏得注意」。這讓我被性侵的羞恥又加深一層。

有些父母或照顧者說孩子不實地指控加害者，這會讓孩子覺得羞恥，彷彿自身才是加害的一方，傷害了一個無辜的人。約翰被性侵的事終於曝光時（學校老師發現他非常抑鬱，把他帶到一旁關心），他的祖母和雙親都站在他祖父那一邊替祖父說話：「你怎麼可以撒這種謊，傷害一向疼愛你的好爺爺？」

當受害者必須向警察和其他權威人士說明時，會感到可怕的羞恥。假使孩子最後還必須上法庭，這也會引發更進一步的羞恥。羞恥會讓我們感覺**被曝露**──痛苦地遭人以貶低的眼光打量。孩子對於受虐的事情說得越多，會覺得被曝露越多。相反的，也有受虐者在吐露實情後覺得羞恥的重量減輕了，這是因為隱藏祕密會加深他們的羞恥感（我們將在後面的篇章裡討論羞恥與隱忍的關係）。

最後，受害者也會因為自己模仿受虐一事的方式而感到羞恥。約翰的例子最鮮明，從他祖父開始性侵他之後，他便開始在其他孩子身上重演他被性侵的情況。在珍妮絲的情況裡，她不僅因為父親的凌虐式性侵而感到羞恥，也因為酗酒和三次戒酒「失敗」而感到羞恥。亞曼達因為發覺到自己這輩子傷害過很多人、把對她好的人都推開，有時還非常殘忍地這麼做，而感到羞恥。布萊特跟很多遭受來自另一半的肢體及語言暴力的人一樣，由於長久留在受虐關係裡而感到羞恥。他也因為身為男性卻遭受情緒虐待而感到另一層羞恥，這種處境很少人能夠真正地理解與同理。

因此，了解曾在童年受虐的人會經歷哪些層面的羞恥非常重要：

● 來自受侵犯本身和感到無助與無力的羞恥。
● 令父母或其他權威人士失望而感到羞恥。
● 加害者投射到我們身上的羞恥。
● 受虐一事曝光的羞恥。
● 因為設法應付沉重羞恥感而衍生的羞恥，不管是藉由上癮行為、傷害自己、侵犯別人或其他破壞性的方式。

　　當我們認知到羞恥感有很多潛在的層面，就會理解羞恥感不易療癒，而且療癒過程將會很耗時、需要無比的耐心和理解。

羞恥不是單一經驗

　　曾在童年受虐所引起的羞恥感，其來源從來不是單一的，這是事實；羞恥不是單一經驗，這也是事實。羞恥的背後是一大串的感受和遭遇，包括：

　　羞辱的感覺。被虐待對受害者來說總是一種羞辱，而某些型態的虐待帶來的羞辱更巨大。性侵無疑帶有羞辱意味，因為這是對非常私密的身體部位的侵犯，再說，孩子也能意會到亂倫是一種禁忌，以及小孩和大人之間的性愛是一種禁忌（幾乎世上每個文化都將之視為禁忌）。如果當眾被侵犯，例如當眾被斥責或當眾被體罰，尤其是當著同儕的面，羞辱的成分會更深刻。

無力的感覺。當孩子體會到自己做什麼都無法阻止虐待發生，他會感到無力與無助。這也會導致孩子的不安感，縱使虐待已經被制止很長一段時間，他依然會不安。

曝露的感覺。受虐以及隨之而來的脆弱和無助感，會讓孩子更加緊張和害怕被曝露——遭到令人痛苦的貶低眼光看待。他阻擋不了施虐者，這個事實會讓他在面對自己和其他在場的人時，感到軟弱和被曝露。

自己有缺陷或不如人的感覺。大部分的受虐受害者都表示，在受虐之後會覺得自己有缺陷、壞掉了、被玷汙。

疏離與孤立的感覺。受虐之後，受害者會突然感覺到自己和別人不一樣、不如人、受傷、被驅逐。儘管受害者會渴望對某人說出心裡的痛苦，但他們往往會孤單地困在羞恥感裡動彈不得。

自責的感覺。受害者會將受虐和被羞辱的事情怪罪於自己。從小受虐或曾在童年受虐的人尤其容易自責。

憤怒的感覺。被羞辱後總會感到憤怒。憤怒是當下最需要的自我保護功能，在避免自己受到進一步的曝光之餘，也可以積極地將他人擋開。

害怕、傷痛、沮喪或憤怒也可能是伴隨或尾隨羞恥經驗而來的次級反應。舉例來說，受害者通常會先對於是否有進一步的曝光和羞辱感到恐懼，然後才有被曝露的感覺。憤怒可以保護自我，抵擋更多的曝露。除了羞恥感，受害者也可能感到強烈的傷痛和沮喪。

羞恥感的影響

　　儘管所有形式的虐待都會讓受害者感到羞恥，有些受害者的羞恥感會比其他人都來得強烈，羞恥感所影響的程度也比其他人深。羞恥感帶來的影響的特性和嚴重性，端看以下的因素而定：

● 施虐與羞辱的一方對於受害者的重要程度。
● 受害者是當眾或私下受辱。
● 重覆施虐或羞辱的次數。
● 受害者事後是否得到情緒性的支持（關心他的大人、也同樣受虐的手足、甚至是寵物）。
● 受害者有效應付羞恥經驗和羞恥情緒的能力。

　　舉例來說，遭到陌生人虐待或羞辱所產生的羞恥感，會比被父母虐待或羞辱來得輕。同樣的道理，當眾被羞辱的羞恥感，會比私下被羞辱來得深；比方說，如果孩子當著同儕的面被斥責，會比私下被斥責要更感到羞恥。

　　我發現，把羞恥感的影響分兩大類很有幫助：重度影響

和中度影響。

羞恥感的重度影響

重度影響的羞恥感——羞恥對人最折磨和強烈的一些影響，可能被單獨經驗到，也可能彼此重疊。這些影響包括：

自我憎恨和自我厭惡的感覺：包含了對自己或自己的身體感到噁心，覺得自己不配遇上好事，譬如愛情、關懷、成功或幸福。自我憎恨的感覺可能會導致自我戕害、自我毀滅的行為。

自我毀滅：可能包括自傷的念頭，或自傷和自毀的實際行為，譬如割傷或燒傷。這也包括自殺念頭或實際的自殺嘗試。受害者通常也會在其他方面出現較為一般性的自毀滅行為和涉入危險的活動，譬如沒有保護措施的性愛、危險駕駛、酒駕或吸毒後駕駛、極限運動、和危險人物來往或涉入犯罪行為。

自我忽視：沒有照顧自己的基本需求，譬如足夠的食物或適當的營養、水、衣物和棲身之所，以及休息和睡眠。也包括不關心自己的口腔衛生和醫療需求。

重演童年所受的虐待：結交簡直是加害者翻版的朋友或情人——有時甚至挑上長相和加害者很像的人。這也包括（作風、言行舉止）變得跟加害者很像，而且對其他人（通常是另一半和孩子）施以虐待。同時也包括縱容別人施暴虐待（精神、肢體或性方面）或縱容別人占你便宜。

上癮的行為：包括酗酒、藥癮和性上癮，或者沉迷於色情、購物、偷竊、賭博、戀愛和其他上癮症。

憤怒：若是外顯出來，可能表現在怨恨、敵意及對他人

施暴上。如果憤怒埋在心裡而且針對自己，可能導致憂鬱、自我憎恨、自我傷害和自我懲罰（請參見上述前兩項）。

孤立：保持獨來獨往，通常是被有意或無意的理由所驅動，譬如「如果我不跟人來往，我就不會有進一步被虐待或羞辱的危險。」孤立的模式包括與他人社交時感到極度焦慮、關在家裡很少出門，或是退縮——無法與人交談或無法回應他人的主動表示。

羞恥感的中度影響

雖然一般而言，這些影響不會像重度影響那樣帶來嚴重災難，但仍然極端令人痛苦而且很難克服，對受害者的生活也造成重大影響。這些影響包括：

● 對別人的糾正或批評很敏感：很容易感到羞恥。
● 防衛心強：在自己和他人之間築一道牆，擋掉外來批評。
● 容易自我批判、對自己嚴苛、不原諒自己。
● 完美主義，試圖避免進一步的羞恥。
● 討好他人的行為，試圖避免進一步的羞恥或遭到虐待。
● 無法為自己辯護或說出真心話，唯恐冒犯或傷害了別人，會招來更多羞恥感的風險。
● 想要成功或變得有權勢，試圖掌控他人。
● 缺乏動力（無法貫徹已定的目標或計畫）；困惑（沒有職業生涯規劃的能力，或無法給予伴侶承諾）。
● 對自己和他人有不近情理的高度期待。

讀到這裡，你大概察覺到了自己的某些行為模式和思考方式，接下來的練習可以幫助你更進一步釐清和反思。

羞恥感的防衛策略

當我們感到被曝露或被羞辱，都會覺得羞恥。一般來說，人都有感到羞恥的時候，但之後總會讓羞恥的情緒過去。不過，受害者會把羞恥感內化。要熬過童年受虐或被忽視這種難以忍受的羞恥，唯一方法就是採取**防衛策略**。這些手段之所以產生，是為了保護自己不被羞恥感徹底壓垮，同時避免更多曝露和進一步的羞恥。當孩子深深受辱，他會把羞恥感轉向自己或針對他人。接收羞辱然後將之轉向自己或針對別人是無意識的決定，看清這一點這很重要，而且這過程取決於很多因素，包括孩子的性別、性情、家庭角色的形塑以及文化。舉例來說，外向的孩子受到羞辱時比較會把憤怒表現出來，內向的孩子則傾向於把憤怒放在心裡。內向的孩子也比較容易退縮至內心世界（Kaufman, 1992）。

消極性的策略

把羞恥轉向內在的人會採取的防衛策略，包括：

● 向內退縮：退縮至內心深處，以避免曝光或被拒絕的痛苦；縮進內在幻想或白日夢，以保有對自己的正面感覺；看不出情緒變化，與外在世界隔絕。

● 躲避和孤立的行為：與他人保持距離；尋找私密安全的地方讓自己獨處而不被看見；躲避社交場合；迴避親密。

● 佯裝或討好的行為：隱藏自己真實的感覺；過於順從而且沒自信；把他人的需求擺第一；戴上假面具（假裝很有自信，或假裝比自己的真實狀態還自在）。

● 完美主義：藉由不犯錯來避免進一步受辱；過於批判自己；對自己有不合理的期待。

● 自責：任何事情一出錯就責怪自己。可能是學到了如果盡快責怪自己，有時候可以避免被人怪罪。受創的人可能會在自己的行為中尋找錯誤，以便合理化自己的遭遇。

● 比較：時常拿自己和他人做比較，而且總覺得自不如人。

攻擊性的策略

把羞恥轉向外在的人的防衛策略包括：

● 憤怒（朝外）：變得好鬥、有侵略性；只要個人或個人尊嚴遭到了一絲輕蔑便會暴怒；對他人有怨恨和敵意。

● 藐視：好評斷、批判或貶低他人；認定自己比別人優異，藉此保護自己遠離羞恥感——需要感覺優越，免得被自卑感淹沒。

- 力爭權力與掌控：藉此彌補潛藏在內化的羞恥之下的缺陷感。越是握有權力，越不容易受到進一步羞辱。
- 怪罪別人：讓別人感到羞恥，以減少自己的羞恥感。
- 認同施虐者：讓自己變得和施暴者相像，染上施暴者的特性並為他辯護，藉此壓制難以面對的無助感（尤其是對於男性受害者來說）。把自己遭受的虐待施加在別人身上，以此宣洩羞恥感和侵略性。

對於內心充滿羞恥感的人，這些手段可以暫時紓解他們所抗拒的那些自覺不足、自卑和不討人愛的痛苦感覺。但是事實上無一能夠對治羞恥感的根源。

以下的練習，可以幫助你清醒地指認你對折磨人的羞恥感所採取的防衛策略為何。

練習：你採取的是哪一種防衛策略？

回頭瀏覽上述所列的防衛策略，找出你所使用是哪一種。你如何回應童年遭受的虐待或受辱經驗？大多數人會採取數種策略，而且很多策略可以合併使用。你可能會注意到自己最常用的防衛策略屬於其中一類——不管是攻擊型或消極型。若是你發現自己採取的策略混合這兩型也無須訝異。

請不要為了自己習慣用來對付羞恥感的防衛策略而批判自己。記住一點，不論你用的是哪種策略，不論你表現出哪種行為，你都是為了保護自己，以免受到進一步的羞辱。羞恥感是一種具毀滅性的情緒，任何人都會想方設法抵擋它。

一個持續的歷程

　　要看清楚羞恥感如何影響你，會是一個持續的歷程。即使我自認是處理羞恥感的專家，看清我自己的某些行為和對自己的某些看法是羞恥感在作祟，我還是很吃驚。當我先前談過的那些層層疊疊的羞恥感被曝露或剝開後，我們往往會發現之前沒察覺到的另一層。舉例來說，儘管我的個性外向，隨著我年紀越來越大，我越來越喜歡獨處。我一直不認為這是個問題，尤其是因為我和個案有深入的交流，所以我自認需要獨處的時間來消化，況且我也需要大量的時間寫作。我當然不認為我獨居的生活型態是羞恥感在作祟。

　　不過最近我和一位朋友碰面吃晚餐，我注意到自己和從前在那種情境下比起來感覺很不一樣。一開始我還不曉得那異樣的感覺來自何處，後來我慢慢發覺到，我的身體不像以前那麼緊繃。起初我沒把較放鬆的狀態和較少羞恥感連結在一起，但後來我看到了兩者之間的關聯性。外出與人交際，即便是和朋友碰面，對我來說也是有壓力的。儘管我不會刻意這麼想，但是每當我外出與人社交，總覺得冒著被羞辱的風險。

　　近來我運用自我慈悲的練習，對我的羞恥感進行更深入的療癒，我在餐廳感到更放鬆的情況，顯示出這麼做有正面成果。因為我療癒了更深一層的羞恥感，所以比較不怕被曝露，跟朋友相處也比以前更放鬆。我很確定還有很多層的羞恥感等待發覺和療癒（或者要到療癒後才會發覺那另一層羞恥感的存在，就像這次的狀況！），不過每一次我有進步，對自己的感覺都會更好。

　　除了仔細觀察你對這一章的練習的反應，這也是你體察自己在羞恥感的療癒上是否有進展的時機。哪些觸發因素失

去了力道？那些防衛策略不再那麼活躍？你也許會像我一樣發覺到某個症狀不見了。相信你正在進步的過程中。體認你正為自己療癒，而且最重要的是，替自己感到驕傲。請記得：慈悲心是羞恥的一帖解藥，健康的驕傲更是羞恥的對立面。越是對自己和自己的進步感到驕傲，你對自己的感覺會越好，光是這一點就可以幫助你減輕羞恥感。

隨著你持續面對羞恥感如何影響你這個事實，你要小心別因為感到羞恥而責怪自己。得知羞恥感如何毀損你的人生是很痛苦的，重要的是去感覺那痛苦。但是別小看自己。記得一點，曾在童年受虐的人無不感到羞恥，我們所有人都在某方面受到那羞恥感的影響。你改變不了羞恥感曾經使你發展出的某種行為模式，就像你改變不了曾經受虐的事實。如果你發覺羞恥感讓你有很多不健康的應付方式，**別責怪自己**。你已經盡了全力去應付一個非常艱難而痛苦的處境。你的應付方式就算極具摧毀性，它們也只不過是應付的方式罷了，而且它們幫你熬過了你曾經驗到的羞恥。

當你思索羞恥感的源頭以及你用來應付它的方式，請不要拿自己和其他受虐者比較。你可能會覺得別人不像你有那麼多負面行為，或不像你被羞恥感折磨得那麼慘。不過你永遠都不知道實情，即使你比較的對象是你認識很深的人，或是和你有同樣遭遇的人——比方說你的手足。事情永遠不是表面上看得到的那樣。你拿來和自己做比較的人，表面上看起來可能應付得很好，事實上他可能跟你一樣吃足苦頭，或者情況更慘，但他把自己的慘況和症狀隱藏得很好而已。

第三章

慈悲心如何療癒童年受虐的羞恥感

慈悲心是我們這個時代的基進主義。

——達賴喇嘛

「我很討厭談論我的童年。這沒什麼幫助，談到最後只會讓我心情很糟。每次想起我父親是怎麼對待我的，我會覺得自己很渺小和不足。我討厭這種感覺。我花了很長的時間擺脫這種感覺，讓自己可以抬頭挺胸，直視別人的眼睛。小時候我總是低頭走路，總覺得自己不知哪裡糟透了——總覺得自己不配跟別人一起相處。現在我覺得自信，對自己感到自豪。我知道我跟所有人一樣好。」

這是我的新個案馬丁的告白。馬丁散發出一種自信與權威，就像習慣贏取注意力的人一樣。他看起來三十幾歲快四十歲。

「那麼你為什麼選擇來治療？」我問。

「我想是因為不管我怎麼努力，永遠揮不去我父親嚴厲盯著我的影像，他斥責我是多糟糕的兒子，多麼沒出息。我目前所過的日子好像還在努力向他證明，我不像他說的那樣。但悲哀的是，不管我得到多少獎項、賺多少錢、事業有多成功、有多少人尊敬我，一旦他的影像進入我腦裡，我的成就便全被抹煞掉。我知道這聽起來自相矛盾，我剛剛才說我對自己感覺很好，大部分的時間我的確這麼覺得。只是當我父親的影像在我腦海中浮現時，會強烈到抹煞一切。」

在第一章和第二章，我說明了受虐經驗如何讓受害者感到無助和無力，以及這些感受如何導致丟臉的感覺，而丟臉的感覺又導致了羞恥感。乍看之下，既然無助感和無力感會讓受害者感到羞恥，那麼賦予力量就可以療癒羞恥感。而這正是像馬丁這樣受虐過的人努力想做到的。他們相信如果他們變得強大，不管是事業成功，掌握權力凌駕他人之上，或是體格強壯，就不會再感到無助或無力，因此也就可以消除童年曾被擊敗的羞恥感。

　　小小孩會經歷自以為無所不能又刀槍不入的成長階段。因此我們會看到小男孩或小女孩披著披肩站在家具上往下跳；站在假想的課堂內對學生「上課」；或在真實的一群人前面起身唱歌、變魔術，或毫無懼色且不忸怩地演起戲來。童年受虐會迅速地把孩子內心的這些全能感盡數抹去。

　　很多曾在童年受虐的受害者，會藉由築起防衛的牆來取回曾經有過的掌控感，努力再度捕捉受虐之前曾有過的全能感。因此，我們看到童年受到母親精神虐待的孩子，長大後會在精神上虐待妻子和小孩；被父親家暴的孩子會變成惡霸在學校霸凌同學；童年被性侵的女孩長大後淪為妓女，蒙騙自己用這種方法可以掌控男人。在所有這些情況裡，就像馬丁一樣，羞恥感並沒有被療癒——只是被虛張聲勢或浮誇自大所掩蓋起來罷了。

　　築起防衛的牆無法把羞恥感抵擋在外。羞恥感仍在，蜇伏在表面之下，會輕易被某個記憶（譬如馬丁父親的影像）、某人的話或行為、某一次挫折或失敗，或某個拒絕的舉動所觸發。然後霎時間所有的羞恥感傾瀉而出，彷彿防洪閘門被打開。

　　贏得個人的權勢，無法療癒童年受虐所致的羞恥感。事實是，在羞恥感受到慈悲的了解，並攤開來檢視之前，沒有

人真正能夠被賦予力量。當我跟馬丁解說這一點時，他說：「可是我想忘掉受虐的事。我不想提起它，也不想檢視它。我腦海裡會突然閃現我父親的影像已經夠糟了。我不想花那個時間，也不想花那個錢，刻意去把這整件事挖出來。」

為了讓他放心，我跟馬丁說我懂他的心情，我了解刻意提起這整件事，看似會有不良後果而且很痛苦。但我也向他保證，他不會獨自面對，這過程的每一步我都會與他同在，我會教他一些技巧與思考方式，幫助他以迥然不同的方式面對受虐經驗和羞恥感。我也提醒馬丁，他應付羞恥感的方式其實不太有效。

「沒錯，我還有好一大半沒說呢。其實，我不只是被記憶糾纏，我對待孩子的行為舉止開始變得很像我爸，我很困擾。」馬丁用雙手蒙住臉，好似試圖躲藏。「頭一次發生時，我簡直不敢相信。我聽到我爸罵人的話從我嘴巴冒出來，簡直像被他附身一樣。我兒子的數學很差，我們一直共同努力在加強。我以為他有進步，可是當他把成績單帶回家，我看到他數學成績拿丁，我氣炸了。我就是控制不住，突然間對他破口大罵，說一些很難聽的話。我說他讓我失望透了，說他很沒出息。我說『我浪費時間在你身上，你以為我閒著沒事幹，只好陪你讀書嗎？那些書你本來就應該聰明到自己去讀通的，你是哪裡有問題？你是蠢材嗎？我真不敢相信你是我兒子。』諸如此類的話。」

馬丁懇求地看著我：「你能夠幫幫我，讓我別對我兒子做出我曾遭受過的事，你能幫我走出這件事，好讓我別傷害我兒子嗎？」

「可以，我幫得了你。」我斬釘截鐵地說。

馬丁失去控制，並哭了出來。「好，我會按照你建議的去做。我願意做任何事，我不想變成我爸。」

我敢大膽地說，正在讀這本書的你，可能心有戚戚焉
——你願意做任何事，只要能消除折磨人的羞恥感、打破虐
待的循環；不管是確保你不會變得跟你的加害者很像，或確
保你不會繼續當受害者。就像馬丁，你可能已經開始看到自
己身上出現某些行為，要讓你不想到加害於你的人的行為也
難。又或者你注意到即便步入成年，你持續被他人施虐的模
式已然形成。或者你可能發現，你對待自己的方式就跟施虐
者對待你的一模一樣——這是另一種版本的重演受虐循環，
比起其他兩種，這種模式更不容易被注意到，但同樣具有破
壞力。舉例來說，很多從前受過父母言語暴力的人，倒頭來
會用同樣的言語來批判自己。從小受忽視的孩子長大後可能
不知道如何照顧自己，或是不覺得自己值得自我照顧。因
此，他們終究會像父母忽視他們那樣地忽視自己，不管是吃
得不健康、進食的分量不適當、個人衛生習慣不好，或者忽
視自己的醫療需求或口腔衛生。如果你童年曾受虐或被忽
視，並自認也是被羞恥感折磨的人，你正處在重複受虐循環
的風險中。這就是你需要積極把羞恥從你的心智、內心和身
體驅逐出去的原因，你需要把它趕出你的靈魂。我相信最好
的方式——說不定也是唯一的方式——就是讓你自己沉浸在
療癒的慈悲心之中。

慈悲心如何療癒羞恥感

慈悲心撫平我們的傷口，緩和我們的痛苦。它可以化解
羞恥的持久毒性。對受到羞恥感所折磨的人表達慈悲，就是
提供他療癒的萬靈丹。在我們痛苦時，另一個人即便是給出
一個了解的眼神、一聲嘆息，或安慰的撫摸，都可以傳遞出

與我們的痛苦同在的心意。慈悲心（compassion）一字源自拉丁文字根com（同在）和pati（痛苦），所以它的含意是與另一個人「一同受苦」。當一個人給了我們真心的慈悲，他就加入了我們，與我們同感痛苦。

　　當一個人加入我們同感痛苦，他就給了我們療傷止痛的禮物，不止一項，有五項之多。

1. 他讓我們知道，他看見並體會到我們的痛苦。人類最強烈的需求之一就是**被看見**。童年曾被忽視和受虐的受害者尤其想被看見，他們常常覺得家人對他們視而不見，而且他們的需求也經常被忽視。當有人給予我們慈悲，他等於是把「看見我們、體會我們的痛苦」這份禮物送給我們。

2. 他讓我們知道，他**聽見我們**了。得到聆聽是人類另一個主要需求。同樣的，對於童年曾被忽視和受虐的受害者，這項需求也常常不被滿足，他們在需求、想望和情感上的表達，往往不被聆聽。得到聆聽是另一個療癒的禮物。

3. 他確認我們正在受苦，確認我們因為受苦所以有權利表達痛苦、悲傷、恐懼、憤怒或其他情緒。換句話說，**他證實**或確證了我們的受苦經驗。他沒有否認、輕視、忽視或否定我們的痛苦，而這些都是我們還是孩子時所習以為常的，因而使得「痛苦被證實」變成意外又深刻的療癒禮物。

4. 他讓我們知道，他把我們當成一個人來關心；他在乎我們受過苦而且正在受苦這個事實。尊重並關懷我們曾在童年時沒有受到人道的待遇，他把這個與生俱來的權利交還給我們，所以是一份禮物。

5. 他在某方面給我們安慰和紓解，不管是療癒的眼神、慈愛的撫觸、支持的擁抱或溫暖的言語。安慰與紓解這份禮物會刺激我們的紓解／滿足系統，提供有助於減輕負面情緒

的一種安全感。

慈悲心的價值，以及慈悲心是對治羞恥感的一帖解藥和鎮痛軟膏，這件事再清楚不過了。

如果說慈悲心是感覺與連結他人受苦的能力，那麼自我慈悲就是感覺、連結**自己所受的苦**的一種能力。更準確地來說，自我慈悲是當我們處在自認不足、失敗或受苦的情況下，把慈悲心延伸到自己身上的一種舉動。要做到自我慈悲，我們要給自己那同樣的五項禮物，就像我們同情他人時會給的一樣。換句話說，我們要送給自己**承認**、**證實**和**支持**，就像我們送給受苦的所愛之人一樣。

克莉絲汀・聶夫（Kristin Neff）是德州大學奧斯汀分校的心理學教授，是自我慈悲這個發展中的領域的研究先驅。在她二〇一一年《寬容，讓自己更好》（*Self-Compassion*）一書裡，她把自我慈悲定義為「對自己所受的苦敞開心，被自己所受的苦打動，以關懷與仁慈對待自己，以理解和不批判的態度面對自己的不足和失敗，承認自己的經驗是人類普遍的經驗之一。」

自我慈悲鼓勵我們用對待摯友或心愛孩子時，所表現的和善、關懷和慈悲心來對待自己、與自己對話。就像連結到別人的受苦可以給出安慰並帶來療癒，我們也可以連結自己所受的苦並有同樣的效果。如果你能夠對別人慈悲，你就能學會以慈悲心對待自己；接下來的練習會教導你如何進行。

練習：以慈悲心對待自己

1. 想想你認識的人當中誰最有慈悲心——對你和善、了解你、支持你的人。也許是某位老師，某個朋友，朋友的父母或某個親戚。想想

這個人如何對你傳達慈悲，以及你如何感到這人的表現。你回想這些事時，留意心裡浮現的感覺和感受。如果你想不出有誰曾經以慈悲對待過你，想想某個有慈悲心的公眾人物，甚至是書裡、電影或電視裡的某個虛構人物。

2. 現在，想像你可以變得跟這個人一樣用慈悲心來對待自己（或想像這個人會怎麼對待你）。如果你覺得被悲傷或羞恥壓垮時，你會怎麼對待自己？你會對自己說哪些話？

　　自我慈悲的目標是：以你所認識最有慈悲心的人對待你的方式來對待你自己——以這個人對你說話時，那般慈愛、和善、支持的方式對你自己說話。在接下來的篇章裡，我會提供更深入地自我慈悲的方法與策略。這會幫助你減輕或消除一直在折磨你的羞恥感。

練習自我慈悲的好處

　　藉著學習自我慈悲，你也可以開始做到下列這些：

● 真正承認你所受的苦，因而展開療癒。
● 接受他人的慈悲。
● 重新與自己連結，包括重新與自己的情緒連結。
● 理解自己為何會有負面和不健康的行為表現。
● 停止為自己的傷害歷程責怪自己。
● 原諒自己為了應付受虐所採用的方式。
● 學會好好善待自己。
● 創造一個慈愛的內在聲音來取代批判的內在聲音。
● 重新與他人連結，而且變得較不孤立。

我希望能充分表達慈悲心和自我慈悲將如何幫你療癒羞恥感。要在單獨一章裡充分解說這概念很困難，隨著你繼續讀下去，並持續練習書裡所附的練習，你會越來越了解慈悲心的療癒力有多麼強大。

自我慈悲的開創性研究

長久以來，雖然有很多靈性傳統都強調慈悲心對於我們的身心健全和良好的人際關係有多重要，但直到最近，研究者才證實慈悲心對於我們有多方面的幫助，包括幫助我們應付失敗、承擔風險，以及經受批評和衝突。慈悲心也可能成為自我認同的焦點，幫助自己和內心那個關懷、撫慰的面向有所連結，好讓我們面對、應付人生的悲劇（Gilbert, 2009）。研究也顯示，我們與**自己**聯繫的方式──不管我們是善待或苛待自己，友善或充滿敵意──都會大大影響我們如何渡過人生難關以及在內心創造健全感。

一直有大量的研究顯示自我慈悲的好處，包括它在減輕羞恥感方面所扮演的重要角色。我在前言裡提及了好幾篇這類研究。在此，我將著眼於「自我慈悲如何讓受害者受惠」的一些研究。

羞恥感不僅會讓人容易有心理健康的問題，也關乎症狀的表現、表露痛苦事件的能力、各種形式的逃避（譬如疏離和否認），以及自我追尋的問題（Gilbert and Procter, 2006）。

在創傷之後，和創傷有關的線索會觸發個體的恐懼，恐懼接著會引出逃避行為。較能夠自我慈悲的人，比較不會受到痛苦的想法、記憶和情緒威脅而逃避。曝露在與創傷相關

的刺激下，他們會有比較自然的反應（Thompson and Waltz, 2008）。換句話說，你越能自我慈悲，越容易面對童年受虐的創傷，繼而療癒你的羞恥感。其他的新近研究發現包括：

- 自我慈悲可以幫助個案完成接受心理治療所需達成的任務。自我慈悲較高的人，比較有意願投入痛苦的思維和情緒，逃避痛苦經驗的需求也比較少（Leary et al. 2007; Neff et al. 2007）。

- 自我慈悲的人有較高的韌力（resilience）——迅速從創傷、病痛、變動或不幸復原的一種能力。韌力也被定義為能承受壓力和禁得起大難的能力（Neff and McGehee, 2010）。

- 對我們的目標而言最重要的是，研究結果顯示創傷倖存者，尤其是有創傷後壓力症候群的人，最能夠受惠於將自我慈悲納入的治療。自我慈悲的練習也被顯示為能夠降低創傷後壓力徵候群，包括自我批判、憂鬱、思考的抑制、焦慮，以及想個不停。大部分的受害者或施虐者，童年時都曾在精神上、身體上或性方面受過虐待，因此很多人都有創傷後壓力症候群（Thompson and Waltz, 2008）。

- 當今有很多治療方法，都著重於幫助個案發展出內在的慈悲心和自我安撫的能力。「慈悲心訓練」（Compassionate Mind Training）的發展，就是起源於對治長期有高度羞恥感和自我批判的人，還有害怕或難以寬容待己、接納自己的人。結果顯示，當個案參與了以慈悲心為焦點的治療歷程，其憂鬱、焦慮、自我批判、羞恥、自卑和順從行為的情況都大幅減少（Gilbert and Procter, 2006）。

慈悲心作為證實苦難的一種形式

自己的感受和經歷得到他人的證實，對所有人來說都非常重要，對孩子而言格外如此。得不到這樣的證實，孩子會產生罪惡感和羞恥感，並以此回應負面經驗。身為童年曾受虐或被忽視的人，你的經歷很可能從未獲得證實：受虐一事很可能沒被承認過，更別說你因為受虐而來的感覺能獲得證實。為了擺脫受虐經驗以及圍繞著它的羞恥感，從你自己和他人獲得證實很重要。

證實是承認並接納另一個人的內在經驗是真實的。當某人證實另一人的經驗，他所傳遞的訊息是：「你的感覺很合理，我不僅聽見你的心聲，也了解你為什麼有這種感覺。你有這種感覺並不糟糕，你沒有不對勁，也不是瘋了。」

大多數受虐兒童的感覺非但沒有得到證實，而且還被忽視、拒絕或批評。他們非但沒有被鼓勵把感覺表達出來，大多數還被羞恥感逼得忍辱吞聲。更糟糕的是，很多孩童認為自己的感覺和感知是**不實的**（invalidated）。被認為是**不實的**，意味著個人感受的真實性或基礎遭到了攻擊、打消或質疑。否認、譏笑、忽視或批評另一人的感覺，就可以讓這樣的情況發生。無論過程為何，結果都很明顯：被如此對待的人會認為自己的感覺是「錯的」。因此，他們的感知和感覺能獲得證實極為重要，這是療癒的前提。對某人表達慈悲心是證實其感受的一種形式。而自我慈悲，用愛與接納來連結自己所受的苦，是證實自己的一種方法——也就是確證你自己的感覺、感知和經驗的真實性。

自我慈悲幫助你把自己極度需要的關愛、了解和證實帶給自己，好讓你感覺到自己值得被呵護。事實上，就如克莉絲汀·聶夫（2011）所言，當人們能夠同理和支持自己，他

們就學會相信只要伸出手就能得到幫助：對於處在相反境地、孤單無助的受虐兒來說，這是個強而有力的訊息。

練習自我慈悲，打破虐待循環

如同你之前讀到的，羞恥感是深藏在內心的一種被曝露感和無價值感。這也是我們防衛得最用力的部分——自己的弱點、缺陷和錯誤——被曝露時，我們最常經驗到的情緒。我們把弱點藏得越隱密，我們的羞恥感越深，需要構築的防衛也越多。那些轉而施虐的人防衛心最重；他們必須把內心的傷害歷程和羞恥感防衛得滴水不漏。

對於身陷受害模式的人，一旦事情出錯他們總是責怪自己。不過身陷施虐模式的人則完全相反。當關係出了問題，他們會向外看，總認為錯在別人，絕不是自己。他們把羞恥轉成責怪。再說，會施虐的人很少會憐憫他們的受害者。他們只會想到，有人傷害或輕蔑他們，所以他們有正當理由去報復。

療癒施虐者的心

藉著練習自我慈悲，施虐者會慢慢了解到自己為何會陷入施虐模式。他將學會把自己經驗過的虐待和自己變得有施虐傾向，這兩者之間緊密的關係連結起來。他變得更能夠對小時候那個被忽視、被虐待的自己產生慈悲心，然後運用自我慈悲，從行動到言語來呵護自己。透過自我慈悲，施虐者將學會為自己的施虐行為原諒自己，並承認他對別人的作為

實在令自己感覺非常不好。當他漸漸地更加原諒自己而且更愛惜自己，自我厭惡感就會慢慢融化。

一旦減輕了折磨人的羞恥感，一個人就禁得起降低防衛心，如此一來他才能釋放自己，讓自己開始真的與人連結，最終可以對別人慈悲，進而回過頭來讓自己不再施虐於人。此外，一旦他的羞恥感大部分被掃除了，他才禁得起更誠實地面對自己，包括承認過去的施虐行為，以及在自己即將施虐之際意識到自己的行為。

隨著根基於羞恥感的防衛心減少，曾經採取施虐姿態的人，會逐漸對他們的受害者感到真心的慈悲。他們能夠把自己造成他人傷害的羞恥感，轉換為對受害者的悲憫。最後，他們會知道慈悲與憤怒不會共存。這將鞏固他們不再施虐的信念。

療癒受害者的心

我之前分享過艾蜜莉的故事，她帶著低自尊的問題前來治療。她任人踐踏，很難為自己發聲。然而在治療的初期，我們就確立了她會忍受他人不合理的行為而且無法捍衛自己的原因，和很多受害者一樣，在於她缺乏自我慈悲。若缺乏自我慈悲，人們會在自己犯錯、沒達到自己設定的不合理期待，或沒達到他人設定的高期待時，嚴厲地譴責自己。他們會因為沒達到完美而痛擊自己。在某些情況裡，他們會開始覺得自己很糟糕，以至於不再相信自己值得別人善待。因為無法自我慈悲，當別人苛待他們，他們會持續怪罪自己——畢竟，他們會認為自己是罪有應得。最重要的，因為無法自我慈悲，他們甚至不能正視過去受虐所帶來的痛苦。少了這一份重要的認知，療癒就不可能發生。

不管你是擔心自己變得會施虐於人，或是已經有虐待他人或自己的行為；你是擔心被傷害，或者被傷害的模式已經出現，慈悲心治癒方案都能提供你資訊、支持與策略，不僅可以幫助你打破虐待的循環，還可以改變你的人生。你可以不再受困於過往，不再時時重演被精神虐待、身體虐待或性侵的經驗，你可以從過去的歲月裡破繭而出，創造你所選擇的未來。你的生命可以不再是殘破的樂曲，不再時時重彈老調，你可以自由地寫出屬於你的歌。

第二部

慈悲心
治癒方案

對於童年受虐的人來說，要練習自我慈悲並不容易，要接受他人的慈悲也非易事。之所以如此的原因很多。首先，大多數受害者都不是在慈悲的環境裡成長的，更少見到慈悲如何發生。慈悲可能罕見到你從未在任何人身上體驗過。其次，大多數童年受虐過的人都不習慣對自己有慈悲心。事實上你很可能被相反的情況制約——自我批判、自我否定、輕忽自己的需求。第三，受害者有很大的心理障礙，很難接受慈悲的概念。事實上，大部分的受虐受害者對於自我慈悲這概念有著莫大的抗拒。基於以上種種原因，我們將用數章的篇幅來談談，在練習自我慈悲以及接受別人的慈悲時，會遇到的障礙和抗拒。

自我慈悲是一個歷程，也是一種練習。你不會突然之間就變得對自己有慈悲心。這也不是你打定主意就能馬上做到的，這需要花時間也需要練習，就從你用慈悲的眼光看待自己、每天練習自我慈悲開始。如果你還沒準備好，也不須勉強自己。在接下來這幾章裡，我們會把焦點擺在一開始的預備步驟，好讓你更能準備就緒，著手練習自我慈悲。我們會先為這項練習打好基底，把與自我慈悲練習相符的思考和行動方式介紹給你。比方說，在你練習自我慈悲之前，你可能需要知道接受他人的慈悲是什麼感覺。

最後，我會教你正念（mindfulness）的技巧，這些技巧可以幫助你因應和處理痛苦的感覺，因為持續面對曾經受虐以及與施虐者有關的事實，不免會湧現痛苦的感覺。等你完成這個階段的練習，你會更願意、更有能力開始自我慈悲的練習，那些練習將在本書的第三部分呈現。

第四章

自我慈悲可能面臨的障礙

當我們確信自己走在正確的道路上，就不須往前規劃太多行
程。不須擔心和憂慮前方會有障礙阻擋我們前進。我們能做
的，就是一步一步往前走。

　　——奧里森‧斯威特‧馬登（Orison Swett Marden）[3]

　　童年曾受虐或被忽視的人會抗拒自我慈悲的概念和練
習，這一點完全可以理解，因為很多人在成長過程中並沒有
被周遭的人以慈悲心來對待，也因為羞恥讓受害者的自我感
很糟，所以他們不相信自己值得自我慈悲。在這一章裡，我
們將談談受害者在練習自我慈悲時會面對的種種困難。此
外，如果我們不清楚自己是怎麼受虐的，就沒辦法同理自己
所受的苦，因此我們也將著眼於幫助你充分了解自己是怎麼
受到虐待或被忽視的，以及這經驗如何影響你。

「自我慈悲就是自我放縱」的信念

　　很多受害者在練習自我慈悲時最常見的障礙，就是把自
我仁慈（self-kindness）這個自我慈悲的重要面向，看成是對
自己太好或是自我放縱。這是當前的文化很常見的信念，但

3　編註：美國成功學大師（1848-1924）

曾受虐或被忽視的受害者需要自我慈悲才能痊癒，因此當他們對上述信念深信不疑時格外有害。

很多曾在童年受虐的人也深信，承認自己所受的痛苦，等於是「替自己感到悲哀」或「自怨自艾」。我們的文化並不鼓勵人承認和談論自己的痛苦。這樣做會被看成是軟弱的表現；我們甚至在感覺很糟的時候覺得丟臉，好像自己做錯事一樣──彷彿我們的人格或個性在某方面辜負了我們。我們應該要「克服」逆境「繼續向前走」，而且很多人對於無法這麼做的人不怎麼包容，或沒什麼耐心。

這種即刻的復原極為不自然，也是很不近情理的期待。要從逆境中復原需要時間，況且，在充分認知到究竟發生了什麼事以及受害者有什麼感覺之前，療癒是不可能發生的。因此，我們看到很多人假裝自己不受逆境拖累繼續過日子。而且老天爺也不准許他們把自己看成「受害者」，這是因為我們的文化責怪受害者且視其為羞恥的，讓「受害者」一詞成了不堪的字眼。

否認或輕視自己所受的苦，你會發現假裝沒事地「繼續向前走」，終究還是逃避不了它的反彈，你的健康會出狀況，而且很多失調都和壓力有關。另一個負面結果是，你會壓抑或否認自己所受的苦，很諷刺地，這會讓人變得無法包容他人的痛苦。這樣的人會有一種想法：「我都撐過來了，你也應該這樣。」他們對別人的慈悲心被壓縮了，因為他們還沒接受自己也需要同情，而且值得同情。

對自己慈悲，藉此確認自己所受的苦，不等於發牢騷、自怨自艾，或替自己感到難過。當我們自怨自艾，我們會對自己埋怨情況有多糟，並自認無助到無法做出改變。在這種情況下，我們的想法和感覺往往帶著苦澀。雖然對自己的處境或對傷害自己的人感到憤怒是合理的，甚至是有療效，不

過，當我們苦澀又無助地老是想著自己是怎麼被傷害的，我們就是陷溺在自怨自艾之中。

自我慈悲出自於內心裡自我關照的那個角落，它既帶來撫慰，又能證實我們所受的苦。我的個案艾咪歸納出自怨自艾和自我慈悲這兩個狀態的差別，很值得參考。

自怨自艾：「沒有人跟我一樣。我沒有親近的朋友，我生活裡也沒有男人。我會孤孤單單過完一輩子。」

自我慈悲：「我沒有親近的朋友，目前我生活裡也沒有男人，這實在令人難過。我很怕再也沒有男人會愛我，從我過去的歷史來看，我會有這種恐懼是可以理解的。」

艾咪注意到的是：「當我自怨自艾時，我會覺得更苦。我會覺得『我好慘啊』，也會覺得無望，然後感覺越來越糟。但是當我開始練習自我慈悲，在我確認自己感到悲傷和害怕之後，我的感覺開始好轉了。而且運用『這是可以理解的』這個句子，多少證實了我的經驗。」

自我慈悲可以引發積極主動的行為。一旦你證實了自己的感覺和經驗，你會更有動力去改善你的處境。我往往發現，目前仍在情緒或身體上被虐待的人，只要他們正視自己所受的苦、讓自己去感覺和表達因受虐而來的情緒，他們通常會有更大的動力走出那段關係。

我們大多數人從小就被教導，遇到困難要勇往直前。這樣很好，不屈不撓很重要；但是正視困難，且同情自己正在遭遇困難也很重要，而不是漠視我們對困難的感覺。要從受虐經驗復原需要漫長的努力，這過程有時很不好受，但一步一步持續往前走，一定會有收穫。不過，這不意味著我們不會停下來看清楚這有多困難。事實上，如此確認過後反而讓

我們有動力繼續往前走。

害怕變得軟弱、懶散或自私

有些人會擔心，如果他們對自己有慈悲心，他們會變得軟弱，或失去追求成功的動力。然而如果我們想想那些以慈悲為懷而著稱的人，譬如耶穌基督、佛陀、甘地、南丁格爾、德蕾莎修女和曼德拉，他們絕不會被認為軟弱或失敗。學習對自己有慈悲心，事實上可以讓我們更堅強、更有自信。

有些人相信，如果他們放棄自我批判——自我慈悲想達成的一大目標——就會變得懶散。「對自己嚴苛比較好。」有位個案告訴我：「不然我會太懶散、太自滿。」不過長遠來看，對自己嚴苛其實行不通。沒有人可以時時完美，那些試圖這麼做的人，到頭來大多時間都感到挫敗。反倒是認清處境或任務有多艱難，看看自己下了多大的苦功或做得有多好，藉此鼓勵自己，而不是因為自己做得不完美而責備自己，這樣更有成效。

另一個常見的情況是，人們會認為自我慈悲很自私。我們很多人都被教導，凡事要先為別人著想，從這一點來看，自我慈悲看起來像是自私自利。然而，自我慈悲並不僅僅只是對自己好或犒賞自己。

有些人在關注自己所受的苦時會有罪惡感。他們會和情況比自己慘的人相較，因而覺得自己沒有權利抱怨。不過，你總是找得到比自己還慘的人，而這不代表你不該花點時間來正視自己所受的苦。拿你的問題和別人的相比，也可能是方便你自己否認和迴避痛苦，這樣對誰都沒有好處。

我曾在第一章提起艾蜜莉的部分遭遇。她母親對她很嚴厲，有一回艾蜜莉鼓起勇氣為自己辯解，卻被媽媽推倒在地、被踹又被鎖在屋外。在艾蜜莉眼裡，母親吃的苦比她多很多，所以她覺得自己沒有權利抱怨。而且她也不允許自己對自己所受的折磨感到痛苦、不允許自己對母親生氣。當我問她，她能否同情自己的童年處境，她回答：「我媽這輩子過得很苦，跟她比起來，我過得好多了。她在俄國出生，家裡非常窮。外公在媽媽五歲時離開她和外婆，外婆必須長時間在工廠幹活才能讓母女倆吃飽。

　　「我從來沒想要任何東西。我總是有好看的衣服穿，有很多好吃的東西吃，還有漂亮的家可以住。沒錯，我媽會走極端，她堅持家裡要一塵不染，但那是因為她從小在惡劣的環境裡長大。她十五歲就嫁人，當時外婆病得無法工作，男方也答應要照顧她和外婆。怎知他後來會打媽媽又逼她下海當妓女。我媽逃離那男人的魔掌後嫁給我爸，我爸是美國人，比她大三十歲。我爸是那種以為俄國女人很聽話所以到俄國討老婆的人。

　　「每當我想到我媽的遭遇，我就很了解她為什麼會那樣對我。她做的每件事，都是希望我的人生可以過得比她好。她希望我受良好的教育，這樣我才可以自力更生，不需要倚靠任何人——這就是她堅持我要把書讀好的原因。」

　　艾蜜莉同情母親的遭遇是好事。有些受害者會為了避免受到更多羞辱而築起一道牆，以至於無法同情他人。但是艾蜜莉對她母親的同情卻阻礙了她對自己的同情，也讓她看不清母親的虐待如何影響了她目前面臨的問題。

　　「記不記得你曾經告訴我，你有一次逃家，因為你媽把你打得很慘？你躲在地下室整整兩天，而警察四處在找你？」我問她，希望幫她面對自己曾經有多悲慘的事實。

「嗯，我記得。那件事後來在整個鎮上傳開了，我媽覺得丟臉丟到家了。即便今天回想起來，我讓我媽那麼丟臉，我還是覺得很慚愧。」

「但是你的感覺呢？你會逃家，代表情況一定很糟糕。一個人孤伶伶地在陰冷的地下室沒東西吃，又怕被媽媽發現，而且逃家大概又讓你挨了一頓棍子。」

「是啊，當時我很害怕，但是比起我媽的感覺那算不了什麼。她不曉得我會出什麼事，甚至不知道我是否還活著。我讓她感覺像掉入地獄。沒錯，她找到我時，我也被她整得很悽慘，但我罪有應得。」

顯然艾蜜莉深深認同她母親所受的苦，認同到她看不見自己所受的苦。艾蜜莉的母親深深怪罪艾蜜莉拖累了她的人生，而艾蜜莉也持續把母親的虐待怪罪到自己身上。要幫助艾蜜莉開始同情自己，我們雙方都要好好下一番功夫。

「這都怪我自己」的信念

一如之前討論過的，認定「受虐得要怪自己」，可以給你一種掌控感，不管這感覺有多虛妄。如果你相信自己受虐是因為你做了什麼或沒做到什麼，那麼你就不必去面對自己是無助受害者的事實。

記得這一點，由於羞恥感是那麼折磨人，我們會想盡辦法迴避它是很合理的。人總會努力讓自己有掌控感，不管是因為這能讓我們感到安全一點，或是因為我們從小被教導要為自己遇上的事負責；再者，人可以掌握自己的人生，也應該要這麼做。因此，當事情出錯，我們會因為對自己的生活失去掌控而感到羞恥。被傷害讓我們感到無助，這無助感又

讓我們感到羞恥。為了保護自己，我們會迴避這種無助感和羞恥感，我們會認為自己要對自己所受的傷害歷程負起責任。

責怪受害者（victim-blaming）的心態在現今文化裡很盛行，但這其實沒有幫助。當今社會裡甚至還有「如果你遇到什麼壞事，那是因為你的負面想法或態度所致」的信念。這類的文化思維只會孤立、責怪受害者，而非鼓勵他們對自己懷有慈悲心、承認自己所受的苦。

拒絕承認自己所受的苦

如果我們連痛苦的存在都不承認，就無法被自己的痛苦所撼動。否認是非常強大而有效的防衛機制，沒有否認機制，在某些情況下我們根本很難存活。舉例來說，有些孩子被嚴重虐待或忽視，如果他們向自己承認父母是如何對待他們的，他們很可能會尋短。又例如，要是孩子讓自己看清自己被施虐者傷害得多麼深，也很可能會精神崩潰。

無疑地，否認可以是你的朋友，幫助你熬過難以忍受的狀況；但在這個節骨眼上，它也可能變成你的敵人。你也許熬過了實質上的虐待，但除非你面對了自己究竟遭遇過什麼、何以如此的真相，否則你無法徹底痊癒。除非你停止責怪自己，承認你所在乎的人竟以如此自私、冷酷無情的方式傷害你，並面對看清事實之後的痛苦，否則你很可能持續以自我毀滅的方式或重複虐待的循環來懲罰自己，不管是和虐待你的人牽扯不清，或是你自己變得會施虐。

童年受虐的人通常很會為施虐者找藉口，漠視受虐一事對自己造成的傷害有多大，甚或否認虐待曾經發生，因而他

們需要有人來幫忙把遮蔽物拿開，讓他們能看清自己所受的傷。接下來的練習對於這一點會很有幫助。

練習：從不一樣的觀點看待你的童年

寫下你的童年故事，彷彿你寫的完全是另一個孩子的故事，而你只不過是說故事的人（「從前有個小女孩，她有個狠心的繼父……」）。孩子是故事的主角，所以你寫的時候要詳細描述發生了什麼事、那孩子做了些什麼、在想些什麼以及感覺如何。要一直站在說故事者的觀點，你知道那孩子遇上了什麼事、周遭情況如何、孩子如何體驗那些事，但你和事件本身是分開的。

這個技巧可以幫助你從全然不同的觀點來看待你的童年。事實上，它已經幫助了一些受害者頭一次體認到自己所受的痛苦。艾蜜莉就是其一。

我請艾蜜莉從說故事者的觀點寫下自己的故事。我對她強調，這是關於她自己而非她母親的故事。我相信這會幫助她停止拿自己的受苦和母親的受苦相比。以下是她所寫的：

「從前有個小女孩，她和媽媽住在漂亮的房子裡。因為家裡沒有爸爸，她媽媽必須外出工作，所以小女孩要負責把屋裡和院子打掃乾淨。這工作對小女孩來說太繁重了，不過她還是盡力去做。有時候她實在太累了，在學校上課時會打瞌睡，所以有時候沒有拿到她應該有的好成績。這讓她媽媽很生氣，媽媽會對她破口大罵。這讓小女孩感覺很糟糕。她很想考到好成績，但有時候實在太疲倦了。她不知道該怎麼辦。她覺得自己辜負媽媽、讓媽媽失望。這讓小女孩心情很不好，而且心情不好到有時會想逃家，事實上有一次她就真

的逃家了。但是這只讓她媽媽擔心，也讓小女孩對自己感覺更糟。所以她想過要自殺一了百了。這樣她就不會再一直讓媽媽失望了。」

當艾蜜莉從這個觀點書寫她的童年，她終於看到了一些事。她告訴我，她已經忘記曾經想過自殺，也忘記曾經對自己的感覺那麼糟。當她把所寫的念給我聽時，她崩潰痛哭了出來，跟我說她從未了解到在她媽媽的要求下長大有多麼辛苦。她說她替故事中的小女孩感到難過，並發覺到她媽媽對她的期待太不合理了。從此，艾蜜莉的治療有了突破。最後她看清了自己所受的苦，也真心對自己感到同情。

不曉得自己是如何受苦的

童年曾受虐的人之所以會抗拒去正視自己所受的苦，另一個主要原因是他們就是不曉得自己是**如何**受苦的。他們若不是徹頭徹尾地不曉得自己受虐，就是不曉得受虐一事是如何影響著他們。他們可能純粹是不知道哪些行為會構成對兒童的虐待或忽視，也可能是他們拒絕相信自己所承受的對待其實就是虐待。

在這一節，我將描述兒童可能經驗到的各類情緒虐待、身體虐待和性侵害。我希望這些條列與描述能夠在兩方面提供協助：(1)幫助你克服對自己確實曾經受虐的所有否認；(2)幫助指認出你目前也許仍未察覺到自己受過的虐待。

對童年受虐或被忽視的事情，很多受害者記得清清楚楚。但有些人記得不是那麼清楚，有些還會對自己的記憶起疑。另外有些人不會把自己的經驗想成是受虐或被忽視，儘管他們的經驗顯然如此。所以，我在此對於「哪些行為構成

了兒童虐待和忽視」提供了簡要的概述。這些形式的虐待可能個別發生，但往往合併出現，比方說，精神虐待幾乎總是身體暴力的一環。

　　請留意：這些關於各種類型虐待的概述，可能會觸及你的痛處。如果你覺得自己目前還不夠強壯，沒辦法全部讀完，請容許自己略過這部分。你可以隨時回過頭來閱讀這部分。（如果你選擇先略過，請直接跳到同一章後面，從〈釋放你的憤怒〉繼續閱讀。）

忽視

　　當照顧者疏於照料孩子基本的生理需求，以及孩子在情緒、社交、教育和醫療上的需求，就是忽視孩子。生理上的忽視，包括沒有提供足夠的食物、水和住所，也不夠注重孩子的個人衛生。這也包含了提供足夠的監護。（當父母由於外出工作或其他原因，把非常年幼的孩子單獨留在家裡，或把孩子交給沒有照護能力的人，也是對孩子生理需求的忽視。）情緒的需求，包括情緒上的安全感和鼓勵。社交的需求，包括提供孩子與適當年齡的其他孩子交誼的機會。教育的需求，包括提供孩子成長與發展所需的經驗，譬如送小孩上學以及留意特殊教育方面的需求。醫療的需求，包括基本的健康照顧，以及口腔保健和心理衛生。（請注意，所謂沒能在這些需求上提供照顧，只在照顧者有資源可選擇的情況下來考量。）

情緒虐待

　　情緒虐待，是指用來控制、威嚇、制伏、貶低、處罰、

孤立另一個人的非生理層面的行為或態度。對兒童的情緒虐待，包括父母或照顧者的行為或疏失，在兒童身上造成嚴重的行為、認知、情緒或心理失調。這種形式的苛待包括語言暴力（經常批評、輕視、侮辱、拒絕和戲弄）；把過多的、挑釁的或不合理的要求加諸於孩子身上，要求孩子去做超出能力範圍的事；沒能提供孩子在情緒和心理上的成長與發展所需的照顧與支持。

精神虐待（psychological maltreatement）

精神虐待有時候會被認為附屬於情緒虐待，但這個詞彙通常被專業人士用來形容，大人對小孩的自我及社會能力發展的一種**蓄意攻擊**、在精神上施以破壞的行為；比起一般的情緒性虐待，施以精神虐待的父母或其他照顧者，通常**更**是存心或有意識地在進行自己的行為。依照這個定義，精神虐待可分成以下幾種行為形態：

● 拒絕：傳遞出「遺棄孩子」的訊息或做出「遺棄孩子」的行為，譬如拒絕和孩子說話、不認這個孩子，或不對孩子表達關愛。
● 孤立：不讓孩子有機會參加正常的社交活動。
● 恐嚇：用嚴厲或惡意的處罰威脅孩子，或刻意營造一種可怕或威嚇的氛圍。
● 忽視：不回應或不能滿足孩子精神面的需求。
● 使之墮落：鼓勵孩子發展出不良的社會價值，強化反社會行為或偏差行為模式，譬如侵略、犯罪或藥物濫用。
● 拒絕付出：蓄意不給孩子關注、愛、支持或引導。
● 羞辱：做出羞辱孩子的行為，譬如當眾嘲笑孩子的外表。

- 剝奪促進發育的機會：拒絕提供孩子成長與教育所需的活動和經驗。
- 負面影響：讓孩子曝露在有害身心的榜樣之下（吸毒、性交易、犯罪）。
- 迫使孩子生活在危險或不穩定的環境裡（譬如，曝露於家庭暴力和父母衝突之中）。

身體虐待

孩子（十八歲以下）遭受的身體虐待，包含任何非意外的身體傷害。包括：

- 用力摑耳光或出拳打孩子，留下印記或瘀青。
- 用力踹孩子。把孩子踹倒在地，或留下印記或瘀青。
- 使用物體毆打孩子。
- 用香菸灼傷孩子，用火灼傷孩子的手等等。
- 咬孩子。
- 扭孩子的手臂，致使瘀青或骨折。
- 用力搖晃孩子，致使暈眩、失去方向感、頭痛或造成頸部、肩部或手臂受傷。
- 把孩子的頭壓入水裡。
- 把孩子推開或推去撞牆、撞家具。
- 把孩子壓制在地上，不讓他起身。
- 用力捏擰，致使疼痛或瘀青。

性侵害

兒童遭受的性侵害指的是，大人和小孩之間以及較大的

孩子和較小的孩子之間的接觸，是以小孩、大人或較大的孩子的性刺激為目的，其結果是**年齡較大的一方**得到性的滿足。範圍包括無接觸的侵犯，譬如表演或呈現色情內容給孩子觀看，還有愛撫、插入、讓兒童參與色情作品，以及讓兒童賣淫。兒童不見得要被觸摸才會構成性猥褻。

所謂「較大的孩子」，一般的共識是比年齡較小的孩子年長兩歲以上，不過甚至只差一歲也可能有巨大的權力暗示，足以使情境變得有虐待性質。舉例來說，年齡較大的手足常常被視為權威人物，特別是當父母不在家時「負責」管教弟妹的兄長。他的妹妹可能出於害怕或為了討好而服從他的命令。在手足亂倫的案例裡，年紀差距越大，背叛弟妹信任的可能性越大，也越可能發生更為暴力的亂倫。

對兒童的性侵害包括以下這些：

● 性器官的曝露：成人或較大的孩子曝露他或她的性器官給小孩子看。
● 親吻：成人或較大的孩子以纏綿或親密的方式親吻小孩子。
● 愛撫：成人或較大的孩子愛撫小孩子的乳房、肚子、生殖器部位、大腿內側或屁股。小孩子也可能被迫去觸摸年紀較大一方身體的這些部位。
● 自慰：成人或較大的孩子自慰而小孩子在一旁觀看；大人看孩子自慰；大人和孩子相互自慰（共同自慰）。
● 口交：成人或較大的孩子要小孩子為他或她進行口交，或大人對孩子口交。
● 舐陰：不管是小孩子被迫把唇舌放置於女性成人或較大的女孩的陰部，或是大人把他的唇舌置於小女孩的陰部。
● 手指插入：成人或較大的孩子把一根或多根手指插入小孩子的陰道或肛門內。加害者也可能把無生命的物體，譬如

蠟筆或鉛筆插進小孩子的陰道或肛門內。

● 陰莖插入：成人或較大的孩子把陰莖插入小孩子的陰道或肛門內。

● 性摩擦：成人或較大的孩子在小孩子的生殖器、直腸部位、大腿內側或屁股，搓磨自己的生殖器或其他身體部位。

● 色情內容：成人或較大的孩子給小孩子看色情內容，通常是為了指點小孩如何性接觸，或是給予小孩性的刺激。

形式隱微或隱藏的情緒虐待、身體虐待和性侵害

正在讀這本書的大多數讀者，已經知道自己在童年時曾受虐，也飽受由此而來的羞恥感所苦。但是除了你已知的受虐之外，你很可能也被以其他較不明顯的方式虐待過。以下的描述是較不為人知、較隱匿的虐待形式，它們可能和較明顯的虐待同樣地羞辱人。

情緒虐待的隱微形式

在親子關係裡，情緒虐待的隱微形式有很多種，包括：

● 忽視或不給予小孩關注和情感，包括「冷戰」。

● 在表情、言談和行為上，表現出不認可、輕視、鄙夷、高傲。

● 隱微地恐嚇要遺棄小孩（不管是身體上或情緒上）。

● 不採信（不正視）孩子的感覺和經驗。

● 讓小孩覺得自己礙事或沒人要。

● 責怪小孩造成父母的問題或造成某種情況。

● 父母把自己的問題投射到小孩身上。

● 鼓勵小孩過度依賴父母。

● 讓小孩覺得不足或沒有能力照顧自己。

做父母的，有時候會刻意讓孩子羞愧好讓他記取教訓，卻沒有了解到羞愧會對孩子的自我感產生破壞性的影響。諸如「你應該覺得可恥」或「你好丟臉」的言詞就是明顯的例子。也因為這類言詞過於令人羞愧，所以比起較為隱約的形式，譬如輕蔑、羞辱和當眾羞辱，事實上更容易引起孩子的防衛。舉例來說，在家向來可以被容許的行為，在公共場合卻突然被父母看成很糟糕的舉動，就會引起孩子的防衛心。又或是父母看到孩子沒能遵守他不了解的社會常規而感到丟臉，因此說出「住手，你讓我在大家面前丟臉」這一類的言詞，不僅令孩子感到被曝露、被批判、可恥，也因為父母的羞恥感而覺得自己罪加一等。

父母羞辱孩子的方式有很多。包括：

貶低。「你都這麼大了還要人家抱」或「你真是愛哭鬼」這類的言詞，對小孩來說就是可怕的羞辱。當父母拿自己的孩子和別的孩子做負面的比較（「你為什麼不能跟湯米一樣？湯米可不是愛哭鬼。」），這類話語不僅羞辱人，同時也在教小孩要拿自己和同儕相比較，而且孩子會在這樣的比較之下認為自己總是不如人。

責怪。當小孩犯錯，譬如玩球時不小心打破了鄰居的窗戶，他需要負起責任。但是很多家長不是讓孩子記取教訓，反而斥罵小孩：「你白痴啊，你蠢到不知道靠屋子那麼近打球會有什麼後果！現在好了，我要賠人家窗子了。我可沒那麼多錢老是替你擦屁股！」這些話只會深深地羞辱孩子，讓他下不了台。這樣指著小孩的鼻子痛罵，會讓孩子羞愧得無地自容，結果反而逼迫他推卸責任或拚命找藉口。

輕視。厭惡或輕視的表達，會傳遞出十足的拒斥。輕蔑

的表情（通常是冷笑或撇嘴），尤其是來自孩子視為重要之人的輕蔑表情，往往會帶來毀滅性的羞恥感，因為孩子會覺得自己可憎或令人討厭。小時候我母親以極為負面的態度對待我，多數時候，她都用我意料之內的神情對我說：「妳又想搞什麼鬼啊？」要不，就是對我所做的事擺出不認同或厭惡的表情。這些表情極度羞辱我，讓我覺得自己一定是哪裡有問題。

羞辱。如同考夫曼在他《羞恥：關懷的力量》（1992）一書中指出的：「天底下最羞辱人的事，莫過於一個顯然更有權勢的強者利用其權力來痛擊我們。」這一點我可以作證。我母親除了用她鄙夷的表情羞辱我，還常常用樹枝抽打我，而且通常是在大庭廣眾之下。這種羞辱，就像我靈魂裡一道深深的傷口，難以癒合。

扼殺潛能的期待（Disabling Expectations）。若父母對孩子有適當的期待，可以引導孩子的行為表現，並不會扼殺孩子的潛能。然而，壓迫孩子要有傑出的工作、技巧或活動，這就是扼殺孩子潛能的期許。過度要求孩子在某項活動或技能上有傑出表現的父母，可能會逼迫孩子不斷努力。根據考夫曼的觀點，當孩子越來越清楚自己無法達到父母的期待，往往會經驗到一種綁手綁腳的自我感。這種彷彿痛苦地盯著自己看的自我感，會讓人施展不開。當我們受到這樣的期待，要達成目標就算並非不可能，也更形困難（Kaufman, 1992）。

父母若傳達出孩子令他們失望的訊息，也會讓孩子感到羞恥。像是「我真不敢相信你做出這種事」或「你太令我失望了」這類訊息，伴隨著不滿的口氣和表情，會擊垮孩子的信心。這些訊息也是一種「扼殺潛能的期待」。

身體虐待的隱微形式

雖然情緒虐待通常是非身體的虐待，但也可能包含所謂的「**象徵暴力**」（symbolic violence），這是一種身體暴力的隱微形式。這涵蓋了恐嚇的行為，譬如大力甩門、踹牆、摔盤子、砸家具或其他物品、開車載著受害者不顧後果地魯莽駕駛、毀損或威脅要毀損受害者心愛的物品。即便是情節較輕微的暴力形式，譬如在受害者眼前作勢揮拳，或做出恫嚇的手勢或神情，或表現出要傷害或殺掉受害者的樣子，都屬於暴力的象徵性威脅。

父母對孩子的這類隱微的身體暴力，還包括在孩子面前展示藤條、皮帶或棍棒，只要孩子沒有馬上依照父母要求的去做，就指著藤條給孩子看；或者以威嚇的方式站在孩子前面，要孩子去做某件事。

兒童性侵害的隱微形式

性侵害的隱微形式包含以下這些。記得，是成人或較大的孩子做出這些行為的**意圖**，決定了該舉動是否構成性侵害。

- 裸露：成人或較大的孩子當著小孩子的面赤裸著身體在屋裡走動。
- 脫衣：成人或較大的孩子當著小孩子的面脫光衣服，通常是在小孩子和年紀較大的一方單獨相處時。
- 觀看：成人或較大的孩子偷看或公然地觀看小孩子脫衣服、洗澡或如廁。
- 不恰當的言詞：成人或較大的孩子對小孩子的身體說出不恰當的言詞。這包括對發育中的孩子評論他們發育中的身體（評論男孩陰莖大小或女孩的胸部大小），或是要求青少年分享他約會時的親密細節。

- 帶有性慾的撫觸：即便是搓背或呵癢也可能帶有性的意涵，如果做出這些動作的人有性的意圖。
- 情緒上的亂倫：父母把他跟孩子的關係浪漫化，對待孩子彷彿對待親密伴侶一樣，或是覺得孩子性感。這也包括父母對孩子吐露自身成人的性關係，並和兒童或青少年分享親密的性愛細節。
- 試探的行為：成人或較大的孩子所做的任何直接或間接的性暗示。包括帶有性慾的表情、性的影射或性暗示的姿勢。縱使年紀較大的一方沒有真的觸摸或採取任何明顯的性舉動，小孩子已感覺到他散發出來的性意圖。

以上的清單，有助於進一步澄清什麼樣的行為構成了情緒虐待、身體虐待和性侵害。儘管你也許知道很多更為明顯的虐待形式，但你可能會訝異地發現你認為很正常的行為，事實上被視為是有虐待性的，而且會對孩子的心理造成可觀的傷害，更別說是帶來莫大的羞恥感。

你對這些訊息的反應

讀到這裡，你內心很可能有一些很強烈的反應，包括吃驚、羞恥和憤怒。你對自己否認受虐的程度，也可能會令你感到意外或震驚。倘若如此，請記得不管你否認的程度如何，這樣的否認一度是必要的，如此你才能繼續過日子、活下去或保持神智正常。可以的話，以慈悲心來看待自己所需的否認，而不是批判自己當時做了情非得已的事。

你也可能感覺到被憤怒壓垮，不敢置信自己竟遭受了那麼多形式的虐待。不管你是否已經充分面對了自己曾受虐的

事實，或是你正在走出否認的階段，或者介於否認和承認之間，你都可能會感到憤怒。受害者在受虐當下會感到無比憤怒和忿恨是很平常的，你當然有權利憤怒，這是被羞辱時會有的自然反應。但是若你在受虐當下就把憤怒或忿恨發洩出來——甚至是去感覺憤怒——都可能會有安全之虞。於今，釋放你的憤怒可以給你力量，讓你有動力繼續走完療癒的路程。好消息是，有很多技巧可以幫助你安全地釋放你的憤怒，不須擔憂受到懲罰、遭受到更多羞辱或虐待。

釋放你的憤怒

下面是一些健康、有建設性的發洩憤怒的方式。至於要採用哪種方式，端看哪一項能呼應你憤怒的感覺。

● 寫一封你不會寄出去的信給施虐於你的人，明確地讓他知道虐待一事如何影響你。毫不保留地寫，把你的憤怒和受傷的感覺全部寫出來。

● 在屋子裡四處走動（假設你獨自在家），大聲對自己說話，說出你所有的憤怒。別審查自己，想到什麼就說什麼，有什麼話就說出來。

● 想像你面向施虐者坐著（如果施虐者不只一個，就從中擇一），告訴他，你對於他的行為真正的感覺。一樣毫無保留地說，也不要審查自己。如果你注意到自己很害怕這樣面質施虐者，想像這施虐者被綁在椅子上動彈不得。如果你害怕被威嚇，不想看到他的眼睛，想像他的眼睛被蒙住。如果你擔憂他因為你發洩怒氣而說些什麼，想像他的嘴巴被堵住。

- 把你的臉埋進枕頭裡怒吼。
- 如果你很想透過肢體來發洩憤怒，問問你的身體想要怎麼做。你可能會想要捶打、踢、推、砸破或撕碎什麼東西。重視你的直覺，找個安全又滿足的方式來宣洩憤怒。比方說，跪在床邊用拳頭捶打床墊很安全。你可以躺在床上踢腳，或者踐踏裝蛋的紙盒和其他包裝盒；你也可以撕碎舊電話簿，或到廢棄的地方擲石塊或摔瓶子。

　　如果你很難允許自己發怒，或很怕自己發怒會失控，我會建議你趕快去看我的另一本書《重視你的憤怒》（*Honor Your Anger*, 2004）。我也在《純真的權利：療癒童年被性侵的創傷》（*The Right to Innocence：Healing the Trauma of Childhood Sexual Abuse*, 1989）一書裡詳盡地談到如何克服你對宣洩憤怒的抗拒。這兩本書都可以幫助你化解恐懼和抗拒，針對如何以具建設性而安全的方式宣洩憤怒，提供了更多的建議。

　　釋放內在起因於受虐的憤怒有個重大的好處，那就是它幫助我們承認受虐一事錯不在我們。儘管我們也許在**理智的**層面知道，當時身為孩子的自己並沒有招惹施虐者做出那些行為，也不該受到虐待，但是表達憤怒能幫助我們更深刻地體認這些事實。

　　對於把憤怒**內化**的人（怪罪自己的人），重新將憤怒導向施虐者格外重要。畢竟施虐者才是那些憤怒的適當目標。當我們容許自己對施虐於我們的人發怒，憤怒的旺盛力量才會往正確的方向移動：向外而非向內。

　　內化憤怒或自責，不僅讓你感到罪惡和羞恥，也會讓你用負面的關係或自我毀滅的行為（譬如酒精或藥物上癮、厭食、飲食過量、自殘）懲罰自己。把所有的自我厭惡轉變成

對施虐者的正當憤怒，可以讓你不再把憤怒**發在**自己身上，而是把憤怒**趕出**內心。

　　對施虐者釋放憤怒，也可以幫助你把羞恥感還給施虐者——畢竟是他把羞恥感轉嫁到你身上的。以下的練習有助於你做到這一點。

練習：把羞恥感還給施虐於你的人

1. 讓腳平踩在地板上，深呼吸幾下。
2. 想像你可以透視自己的身體。掃視你的身體，看看能不能找出與受虐有關的羞恥感位於何處。把目前存在於你身體裡的羞恥感或覺得自己很「糟」的感覺一一找出來。
3. 想像你把手伸進身體內部，把那些黑暗醜陋的東西掏出來。
4. 接著想像，把那些黑暗醜陋的東西扔向施虐於你的人，這些原本就是他的。打開眼睛，用手臂做出扔擲的動作。
5. 一邊做一邊大聲說：「喂，把你的羞恥感拿回去，那是你的，不是我的。」

　　有些個案說，他們看見自己內在有那麼多的羞恥感，必須重複清理好幾次才能完全清空。如果你發現自己也是如此，你可以把那些羞恥感折斷、壓碎，看看能扔掉多少就扔掉多少，再回頭繼續清理。

　　這個練習可能會帶出更多的憤怒，也可能會帶出悲傷，不論是哪種情緒湧現，允許自己以具建設性又安全的方式自由地抒發。

　　你可能會想要直接面質施虐於你的人，但我還是鼓勵你先以健康而具建設性的方式繼續釋放憤怒，以免讓自己或他人陷入險境。我也希望你能仔細考慮，直接面質施虐者對你

來說是否安全（不管是情緒上或身體上）。假使那人仍然沒有改變，他很可能會在身體上或情緒上虐待你，讓你再度受創。關於直接面質的利弊得失，請參閱我寫的《打破虐待的循環》（*Breaking the Cycle of Abuse*, 2005）或《純真的權利》（*The Right to Innocence*, 1989）這兩本書。

處理麻木感或悲傷

你很可能感到麻木而不是憤怒。你對自己曾如何受虐或被虐待到什麼程度的覺察，也許令你難以招架，於是你把情緒關閉了起來。

當你回顧受虐的細節，如果你發現自己很難分辨自己的情緒為何，請你在身體和情緒上好好關照自己。休息一下、泡個熱水澡、和好友聊聊、喝杯茶、穿件柔軟的毛衣、看喜歡的電影、讀一本靜坐冥想的書──做任何可以讓自己得到舒緩和慰藉的事。

如果你感覺夠安全也夠強壯可以外出，長程散步能幫助你鎮定下來，把自己帶回當下。

當你發覺所受的虐待比原先以為的還要多，或者要再度面對受虐一事，你很可能會感到深深的悲傷。倘若如此，讓自己去感覺悲傷，讓眼淚流出來。如果你抗拒去感覺悲傷，或害怕變得心情低落，或怕自己一哭就停不下來，第六章的內容將幫助你化解這些擔憂。在那個章節中，我們將著眼於可以讓你感受到深刻悲傷，但又不會被它壓垮的一些策略。

當你準備好，請花一點時間寫下你經歷過的所有虐待形式。

練習：認出你受虐的方式

1. 從寫下你遭受的每一種虐待開始：發生了什麼、誰牽涉其中、何時發生、在哪裡發生。需要的話，運用本章的內容來引導你，慢慢來，不要急。

2. 當你寫完後，重新看一遍。這一次，描述一下每次的受虐經驗如何影響你當時的生活以及後來的人生。

這項練習需要多一點時間，也許你要分好幾次才能完成。當你做完，先把它收存起來，在之後的篇章中會用得到。

在感覺和練習自我慈悲的過程中可能會遇到很多障礙，包括否認你所受的苦、羞恥感、自責，以及關於受虐一事難以招架的情緒，也許是否認其程度，也許是否認其本質。然而你無須讓這些障礙阻擋你去體驗慈悲心的療癒力。藉由認清你的遭遇並非正常的，而是千真萬確的虐待；藉由不再因為受虐而責怪自己；藉由持續走出「受虐一事對你有不利影響」的否認，你會慢慢學會對自己慈悲，並療癒你的羞恥感。

還有一個障礙，是很多受害者在練習自我慈悲時會遇上的：因為他們未曾從他人身上感受過慈悲，所以他們很難對自己慈悲。他們從未擁有過充滿善意和支持的安全環境。下一章將詳細探討這個障礙，並協助那些從未體驗過這種具有療癒效果的情緒交流的人，領受和體會一下慈悲的況味。

第五章

接受他人的慈悲

你若發現一條毫無障礙的道路，
這條路很可能不通往任何地方。

——法蘭克·克拉克（Frank A. Clark）[4]

　　在前一章，我們討論過練習自我慈悲的障礙，包括否認、自責、羞恥等等。在本章，我們將重點擺在領受慈悲常見的障礙上（會有一些相似之處），以及克服之道。如果你從未自他人身上感受到慈悲——而這是練習自我慈悲不可或缺的經驗——你將有機會在這一章經驗到它。

領受慈悲的障礙

　　許多受虐受害者拒絕接受他人的慈悲，因為他們認為自己不需要或不值得，或純粹認為自己不適用。譬如說，每當我試圖對曾經受虐的新個案表達同情，他們往往會輕描淡寫地說一些諸如「這虐待其實沒有為我的生活帶來太多問題」或「過去就過去了，我已經不放心上了」之類的話。這些話聽來實在令人玩味，因為他們都是生活遇上了難關才來找我治療的。

4　　美國律師暨政治家（1860-1936）

如果你對上述那些話語有同感，這可能表示你仍處在某種程度的否認之中，否認虐待對你的生活造成了多大的負面影響。縱使你意識到羞恥感目前影響你的生活有多深，你可能還是會不時回頭陷入否認之中，採取如同上述案例的態度。以下的練習，可以幫助你更深入地檢視你的否認狀態，並了解它為何仍舊是你生活裡的一股強大力量。

練習：探索你的否認狀態

1. 我很怕承認我被那樣虐待過，因為＿＿＿＿＿＿＿＿＿。
2. 如果我承認我曾被虐待，我就會感覺到＿＿＿＿＿＿＿＿。
3. 如果我承認虐待一事影響我多深，我會＿＿＿＿＿＿＿＿。
4. 我不想面對關於施虐於我的人的真相，因為＿＿＿＿＿＿。
5. 我很怕讓自己感覺到憤怒（或悲傷），因為＿＿＿＿＿＿。

生活在否認的文化裡

我們的文化並不認可那些承認自己正在受苦的人。事實上，我們的文化稱許的是「克服」逆境，「繼續向前走」的人。我們屢屢看到洪水、森林大火和龍捲風等天災的受害者在電視上接受採訪。記者問受害人：「你有什麼感覺？」很多人會對著攝影機微笑，並說出：「我很高興自己逃過一劫，我們會重建家園。」或者「我失去的都是身外之物。」之類的話。這些都是觀眾想聽到的話，觀眾們不想聽到：「我嚇壞了，我什麼都沒有了，我不知道日子要怎麼過下去。」而這才是很多受害者在這種情況下的真實感受。不管處境多麼悽慘都要擺出笑臉，成了我們司空見慣的事，所以

一旦有人坦承了他們受苦多深，就會令人震驚。

如果你周遭充滿了認為你應該要「撐過去」的人，請你了解，你有權利去感覺你所感覺到的，也有權利去做可以幫助你從受虐的傷痛中復原的任何事，包括向會給予你同情的人伸出手，並學會如何對自己慈悲。

覺得自己不值得同情

許多童年受虐過的人內心充滿羞恥，以至於他們深信自己不值得別人給予同情或善意。如果你堅信自己是個「糟糕的人」，就像很多受害者一樣，他人的同情不僅會讓你覺得自己不值得，甚至會讓你感到憤怒或不耐。

而這就是我的個案凱爾的反應，當我對他童年的遭遇表達同情時，他說：「別替我難過，你不了解，我真的是個壞孩子。我在學校老是闖禍。事實上，我是學校裡的惡霸。我會挑一個弱小的孩子，讓他日子過得很悲慘，並以此為樂。

「再長大一點我就開始偷竊。我以我們家很窮為藉口來合理化我的行為。我被逮到時，他們說如果我再踏入那家店一步，就要讓我坐牢。我爸知道後簡直要把我殺了，但這也沒用。我上高中時，已經進步到會偷車。」

「所以，你認為什麼事讓你變得這麼壞？」我問。

「我不知道。本性如此吧，我想。」

「就像個天生的壞胚子？」

「對，就像那樣。我可憐的老媽。我想我令她吃不消。我十歲左右她就『病倒了』。那是他們當時的說法。她總是躺在床上，我始終搞不清楚她有什麼病。她看起來還滿健康的……我想，她放棄為人母的角色了。我令她吃不消吧。」

「所以你闖禍時，她不會管教你？」

「不會，管教我是我爸的事。當我們亂來，他絕不會放過我們。」

「他都怎麼做？」

「他用皮帶抽打我們——而且毫不留情！你不曉得那有多痛，尤其是被扣環打到，真要命……」

「你因此而不再使壞了嗎？」

「沒有，那讓我更生氣。我會在腦海裡開始想，我可以怎麼對付他。我從來不哭，我不會讓他得逞……」

「你覺得你父親有沒有錯——你覺得他是不是虐待了你？」

「別把我變成受害者！我爸那是老派。我爺爺跟他一個樣，你知道的，不打不成器。」

「現在你和你爸的關係如何？」

「我跟我父母都不親。我離家之後就沒再回去過。」

父親的虐待和母親的忽視讓凱爾內心充滿羞恥，所以他深信自己是個很糟的人。我們雙方都要下很大的功夫，才能幫助他看清他的壞行為背後有充分的理由。我們將在後面的篇章裡看到凱爾的進步。

難以接受好事

受虐受害者覺得自己不配接受他人慈悲的另一個理由，是他們很難接受好事——不管是讚美、感謝、禮物、成功，甚至是愛。這是因受虐而感到羞恥的另一個後果。如果你被羞恥感壓垮了，你不會相信好事的降臨，所以你會用某種方式把好事推開。

你是否難以接受讚美？當有人稱讚你的衣著時，你會說：「喔，這是舊衣服，穿了好幾年。」這類的話嗎？當有

人讚美你的外表，你會說：「哦，謝謝你，但我覺得我看起來很憔悴」嗎？

接受禮物對你來說也很困難嗎？有些人會迅速地道謝然後就把禮物放在一邊，不會真的花時間仔細瞧瞧禮物。我有很多個案坦言，他們通常會把禮物收進櫃子或抽屜，從不拿出來用，或者乾脆轉送給別人。也有人說他們會批評人家送的禮物，老是在禮物上找瑕疵。還有些人不承認那是禮物，認定對方沒有花心思挑選，或認定對方是轉送別人送的東西。如此一來，他們就不用接受對方真的在乎他，而且特地挑了特別的東西送給他的可能性了。

如果你對自己沒有好感，認為自己不配遇上好事的話，受到讚美或收到禮物可能會讓你感到不舒服。因此，當別人對你表達同情，你也會有同樣的反應。但是你可以學會接受好事降臨。下次受到別人的讚美，你可以試試以下的練習：

練習：學習接受讚美

1. 別馬上回話。
2. 先深吸一口氣，想像隨著那一口氣，你把讚美帶進內心。
3. 留意你有什麼感覺。如果你覺得不舒服，試著去感覺那個不舒服，不要批判它（下一章會談到如何做到這一點）。
4. 吐氣，看著對方的眼睛說：「謝謝你。」如果你想說一些正面或中性的話，像是「這是我最愛的襯衫」，那就這麼說。如果你想說一些比較負面的話，像是「這看起來好老氣，想不到你喜歡這種樣式」，留意這個想說的衝動，但要抗拒它、不要說出來。你需要的表達，僅僅是說出「謝謝你」，加上片刻的眼神接觸，或許再加一個微笑。
5. 花點時間思索你對於這個練習的體會，會很有幫助（譬如說，接受讚美有多麼令你不舒服），並且寫下你內心湧出的任何感覺、記憶或聯想。

當你收到禮物時也可以如法炮製。在你開口之前，先深深吸一口氣，默想這個人花時間選了個禮物給你。如果你有批評的念頭或想把禮物推開，試著別讓你的念頭橫衝直撞，而是告訴自己，「把它收下就是了」或「珍惜人家的心意」，之後，你可以反思或寫下心裡冒出的任何不舒服以及你對於送禮的任何記憶（例如：小時候想要什麼都得不到；沒有表達足夠的謝意而覺得羞愧）。

「不配有好事降臨」的信念，作用非常強大，所以你可能需要多做幾次練習，才能更自在地接受讚美或禮物。最後你會發現，深深吸氣並隨之把被關心的正面感受帶進心裡，感覺是很好的，因而你不太需要或者根本不需要把降臨在你身上的好事推開。

一旦學會接受讚美和禮物，你會越有能力接受他人的同情。你僅需重複同樣的練習，也就是在深深吸氣的同時讓自己去接受、感受對方的同情。

情緒那堵牆

有些人很難接受他人的同情，原因在於這會讓他們感覺自己太脆弱。而這也是凱爾拒絕接受我的同情的原因。受到父親嚴重的羞辱，凱爾早已築起一道情緒的牆來保護自己免於進一步受辱。而今，這堵牆擋在他和自己之間，阻擋他感覺脆弱。對凱爾來說，感到脆弱等同於軟弱，而軟弱又代表著他將無法倖存。要接受我的同情，他得要降低那堵牆的高度並感到脆弱，而這對他來說是很危險的。

如果你為了避免經驗到更多羞恥而築起了一道心牆來保護自己，那麼對你來說要把牆降低，甚至接受他人的同情、善意或愛，也是很困難的事。善意和同情會激起悲傷和哀慟

等未解決的情感。有些人會被哀傷的痛苦壓垮，或甚至感覺不到痛苦（也就是說和身體失去了連結）。有些人則擔心如果接受了別人的善意和同情，這些善意和同情之後又會被奪走，或者在事後必須付出代價。

當你允許自己接受同情，你可能會感受到悲傷或憤怒的湧現。儘管允許自己去感受這些情緒。若在某個時刻你深切地意識到自己從未得到同情，悲傷會湧現。而接受他人的同情，感覺起來就像是你允許自己去感覺你之前從未允許的那些痛苦。憤怒的湧現也是一樣的情形：一旦你透過慈悲的形式獲得證實和慰藉，你可能會突然感覺到你過去從不允許自己感覺的那些憤怒。在下一章，我們將探討如何處理悲傷和憤怒這些情緒而不被它們壓垮的方式。

接收你從前錯失的同情

在這一章接下來的部分，我將提供你在成長過程中錯失的那種安全環境、善意和支持。我將從三方面來進行：直接提供你能表達同情的言詞；請你回想小時候你最想聽到哪種同情的話語；鼓勵你積極地去尋找可以吐露自身痛苦和遭遇的人與環境，而且你合理地確知對方會以慈悲同情來回應你。

為了讓本章接下來的練習和反思更有效益，請你先做一些準備：

● 請拿出第四章結尾你所列的清單，也就是明列你童年受過的各種虐待方式的那一份清單。
● 挑個有利於進行這項練習的時間和地點，比方說一個你可

以獨處的私密空間,將所有的電子產品都關機。

● 當你進行練習時,靜靜地坐著,雙腳著地。深呼吸幾下,試著讓腦袋淨空,身體也盡量放鬆。

如果你可以用數小時的安靜時間,一口氣讀完這些內容並完成所有練習,這會很理想;不過一次只練習一部分,在一天之內或一星期之內完成,這樣也很好。至少花半小時的時間來進行每個部分的練習。

第一部分:聽進同情的話

以下的練習(以及稍後的變化題),目的是幫助你擁有聽見別人說同情話語的經驗。請你盡可能敞開心來練習,即便你覺得很困難。

練習:想像我就在你旁邊

1. 可能的話,想像我就坐在你旁邊,不論你人在何處。
2. 接著拿出你在第四章結尾寫的那張清單。
3. 緩慢地默念。念的時候留意你有什麼感覺。
4. 現在再把清單念一遍,這次大聲地念出來。想像你直接對著我念。同樣的,留意你有什麼感覺。
5. 等到你大聲念完,請對自己默念以下兩段文字,試著想像這些話是從我口中直接對著你說出來的:
   「我要你知道,你因為受虐而吃這麼多苦我有多難過。沒有人應該承受你所受的這些苦。我知道你心裡有這些苦,你想著沒有人會了解也沒有人會真正關心,你覺得很孤單。我要你知道,我真的了解你所受的苦,也很關心。
   「我了解,因為我也是過來人。我會了解,也因為我從事諮商多年來聽過數千位個案和我談過他們的經驗,這讓我深刻了解到虐待如

何讓人受苦。我關心，是因為我不認為任何人應該獨自受苦，也因為我相信若你知道有人關心，會讓你所受的苦稍微可以忍受。」

請你靜靜地坐著幾分鐘，試著把我的話聽進去。假使你有困難，請照著這一章前段關於如何接受讚美和禮物的說明去做。再重讀一次這段文字，深深吸一口氣，把這些話帶進你內心。

在這一段練習中，我的同情話語可能會對你產生影響，也可能沒有。你可能會相信我了解你所受的苦，但你也許很難相信我會真的關心你。畢竟我不認識你，也不知道你個人的遭遇。就算我真的在你身邊當你的治療師，要相信一位陌生人真的關心你也很困難。有很多個案在諮商剛開始時告訴我，他們不相信我會關心他們——他們認為我收取費用，所以才會聆聽他們說話。但我向你承諾，我真的關心。我做這一行從來不是為了錢。我刻意降低費用，好讓受虐的受害者都負擔得起。而且我花在寫書上的大量時間可沒有報酬。我做這件工作，是因為這是我今生的使命。我覺得我有幸獲得的知識、體悟和慈悲，必須傳遞出去才對。

多年來我大部分的個案，甚至是那些要信任別人對他而言難如登天、打死不信別人會關心自己的人，到頭來也都相信我真的關心他們。我希望藉著繼續閱讀這本書，以及敞開心來從字裡行間認識我這個人，最後你也會感覺到我是真的關心你。

如果你發現自己很難聽進「我很了解、也很關心」的這番話，試著再做一次練習。這一次，想像你把清單念給某個你覺得會了解你、關心你的人聽。如果你生活中沒有這樣的人，想像某個你見過或遇過，儘管認識不深但似乎會了解你、關心你的人（你可以挑一個虛擬的人物）。想像這個人

安靜地坐在你身旁，當你把清單念出來，這個人會把上述那些同情的話語說給你聽。留意看看，你是否更能把這個人的話聽進去。

如果你聽得進這些話，不管在你想像中是我說的，還是其他慈愛又有同情心的人說的，你可能會經常想複習這些話，無論你是對自己默念或大聲念出來。

第二部分：聽進你希望聽到的話

你在受虐當下感到強烈的孤單，沒有人能救你或安慰你。但受虐後，接下來的那段時間也許更難熬。被虐待之際你也許心神飄忽，但虐待結束後，你很可能馬上墜入現實。當施虐者一離開你的視線，你很可能感覺更加孤單。聽到那些你在受虐過後需要聽到的安慰話語，即便是現在才聽到，也許已經過了很多年，仍然有療癒作用。

用你在第四章寫的清單來思索你遭受的每一種虐待形式，花幾分鐘進行接下來的練習，想想在受虐之後你希望聽到哪些話。

練習：你想聽到哪些話？

1. 寫下你非常渴望從某人那裡聽到的安慰話語。
2. 大聲念出這些話，想像這些話是從某個關心你的人，在你剛受虐之後親口對你說出來的。
3. 深深吸一口氣，讓這些話語進到你心裡。注意你聽到這些話時有什麼感受。如果想哭就哭出來，沒關係。
4. 把這些安慰的話寫在提示卡上，放在你很容易看到的地方。或是抄到日記本裡，讓你可以反覆閱讀。

這個體驗可能非常強烈。除了想像你想要聽到的話，也可以想想當時你還需要些什麼。你哭的時候希望某個人抱著你嗎？倘若如此，用你的雙臂環抱自己，想像那人正抱著你。你可以披一條溫暖的毛毯、喝一杯熱茶，或抱著能夠撫慰人的物品，花點時間來安慰自己。

很多個案說，做完這練習他們若不是很想哭，就是真的忍不住大哭。在此節錄一些我的個案曾說過的話：

● 「當時沒有人安慰我。我很孤單。我很希望當時有人能夠對我說這些話。」

● 「我要的就是這樣而已，就只是被證實。我想要有人告訴我，他們相信我，而且知道那件事有多恐怖，傷害我多深。」

● 「當時沒有人跟我說過那些安慰的話，但想像有個和善、有愛心的人現在對我說出那些話，簡直就像我真的在當時聽到一樣，多少讓我感到安慰。」

● 「我想聽到我爸說，從那之後他會保護我……所以我想像他對我說那些話，突然間我覺得安全多了。」

做這練習時，如果你想不出適當的話語，參考我一些個案當時想對自己說的話，也許對你有幫助。請你慢慢閱讀下列字句，在讀每一句時都停下來深呼吸一下。

● 這不是你的錯。你只是個天真的小孩。

● 這個經歷定義不了你，你還是大有可為。

● 你不該被這樣對待，沒有哪個孩子該被這樣對待。

● 你不是壞孩子。沒有哪個孩子是完美的。

● 你沒有做錯事。

- 你是個貼心可愛的孩子，你不該被這樣虐待。
- 這不是管教，也不是處罰——這是虐待和折磨。
- 這不是你自找的。你並不想那樣。
- 就算你的身體對撫摸有回應，並不表示你想被摸。

　　你可能發現，某些陳述讓你比較有共鳴。把你最有正面感應的句子寫到提示卡或日記裡，一再地閱讀。

　　我希望，我和你分享的這些安慰話語，或是你自己想出來而且能聽進去的話，已經觸動了你的心。我希望，你能夠讓這些話像溫暖、舒緩的水，流經你全身，讓你感到慰藉。而且我希望，它們能幫助你，讓你將來更願意、更有能力接受別人所說的同情話語。這帶出了下一個步驟：和你信任的人談談你受虐的事。

第三部分：和有慈悲心的人談談你的遭遇

　　要對別人提起你童年受虐的事，光用想的就已經很駭人。你可能擔心會被批判或不被相信，尤其是如果受虐的事很極端或很不尋常。你可能會擔憂，聽你陳述的人從此會用另一種眼光看你。然而和某個親近的人談談你受虐的事，在療癒你因受虐而來的羞恥感的路途上，就是邁出了一大步。就像戒酒十二步驟的那句名言，「你跟你的難言之隱一樣虛弱」。這句話的意思是，難言之隱會生出羞恥感，而羞恥感會讓我們在自己和他人之間築起一道牆。不談受虐的事也會讓你更容易自責，繼續被羞恥感折磨。畢竟，你沒有做錯事，你沒做可恥的事。提醒自己這一點，說出你受虐的事情就會容易很多。

選一個你可以信任，而且聽到你的遭遇不會批判你的人。如果你知道某人很愛批評別人，那他就不是你要找的人。選一個會相信你所說的話的人也很重要。如果你知道某位朋友或家人不會認同把受虐情事吐露出來，他顯然也不是你要找的人。如果你知道某位家人過去曾經替施虐於你的人找藉口，或不會承認施虐者的真面目，他也不是你要找的人。盡可能從你的親身經驗裡找個會支持別人、不妄加批判，而且對受虐議題有深入了解的人。

　　有些受害者不把受虐的事說出來，秉持的理由是他們不希望任何人用負面的眼光看待施虐者。假使你也是如此，仔細想想，你要說的是你的遭遇，而且你值得把它說出來。你值得讓受虐的事見光所帶來的療癒。如果吐實的另一個後果是，你的朋友或家人會知道他們所在乎的人施虐於你，這並不是你要煩惱的問題。你要做的是照顧好自己並持續療癒，不是去保護施虐於你的人。說到為自己的行為負起責任，施虐於你的人有他該去承擔的事。

　　最理想的結果顯然是，聽你陳述的人相信你，真心替你感到同情，也能夠把這同情化為言語和姿勢（譬如擁抱你）。你也可以預先跟那人表明，你有重要的事要說，而且你不希望他張揚出去或做任何事。要對某人說出口很困難，尤其是你頭一次敞開心對另一個人談受虐的事，因此如果需要，讓自己能夠掌控情勢是好的。你也可以另找時間進行後續的交談。

　　向朋友或家人吐露實情，這個經驗越正面，就越有療癒力。可能的話，帶著你是要跟親近的人說有人偷了你的車或家裡遭人闖空門的心情去談。假如你是遇上這兩件事，你沒有理由感到可恥不是嗎？那麼你何須因為自己曾在童年受虐而感到可恥呢？

當你向某人傾吐時，試著領受你得到的任何同情。但願你找到會同情你的人，讓這個吐實的經驗開始療癒你。深深吸一口氣，把支持的話語聽進去。別用「你不必擔心」、「我現在很好」或「事情沒那麼糟」來打斷對方說的話。也別去照顧對方的感覺：這是**你**得到理解、支持與同情的時間。如果你夠幸運能夠從對方身上得到這些，把它們視為禮物，你值得擁有這些禮物。

　　如果你參加支持團體或復原團體，你會有更多機會對他人說出你的受虐經驗。大部分的團體成立時都會教導所有成員在聽到某人談到祕密時如何回應，尤其是這祕密涉及受虐經驗，不過你仍要確認，團體進行時討論過相關須知以及不加評斷的原則。

　　在這一章裡我們檢視了接受他人同情的障礙。但願讀過這些內容，你會有動力去剷除這些障礙，讓自己獲得療癒羞恥感所需的慈悲心。我鼓勵你持續練習「接受好事降臨」。你值得好事的降臨。

　　我們也探索了如果你得到所需的理解、支持與同情，感覺會如何。因為你過去很可能沒得到這些，現在得到就很重要。別告訴自己「現在得到和當時得到是不一樣的」，因而小看這些練習的療癒力。儘管沒什麼比你仍是孩子時有人從旁給予這些同情更能帶來療癒，但是在今天得到這些同情，縱使是在你的想像中，其療癒力依然驚人。

　　很多個案告訴我，想像有人對自己說同情的話，尤其是他們所愛的人，效力強大，幾乎跟真的一樣有效。若你如今能夠找人說出受虐的事而且得到真心的同情，這也是強大無比的療癒經驗。

　　在前一章裡，我們開始著眼於如何處理你在面對受虐的

更多真相時會出現的情緒。在下一章，我們將更深入地幫助
你處理和受虐有關的情緒，尤其是痛苦和哀傷的感覺。

第六章

允許自己感覺痛苦

自我慈悲是帶著寬容靠近自己，帶著溫柔雅量靠近我們的內在經驗。這和我們通常會想克服某件事、解決它、使之消失的傾向迥然不同，慈悲是一種包容。

——崗薩雷（Robert Gonzales）

　　到目前為止，你已經下功夫剷除了一些阻擋你接受同情的障礙，所以現在你具備了更好的條件來著手練習對自己慈悲。自我慈悲的一個重要面向，就是讓你自由地去經驗、處理和接納你的情緒。

　　有時候，我們理智上知道自己在某些方面受過虐待，但是我們和這個覺察保持距離，從未真正去接納和**感受**自己傷得有多重。或者如同你讀第四章時發生的情況，我們終於發現了自己受到比原本所知更多面向的虐待。深入地覺察自己因受虐而經歷的苦，其正面的結果之一就是因受虐而來的羞恥感轉換成了憤怒和悲傷。這個歷程是療癒內心的羞恥感所不可或缺的。

面對你的痛苦

　　在第四章，我鼓勵你以健康的方式宣洩你的憤怒。然而，憤怒底下其實還埋藏著其他情緒，包括悲傷、痛苦和恐懼，認知到這一點很重要。直接面對另一個人傷害你的事實

很痛苦，特別是當那個人是你所愛或景仰的。意識到你非常在乎的人竟會如此冷酷、殘忍或自私，是很痛苦的事。要回想起你有多麼傷痛，被背叛多深，以及當時有多害怕，也是痛苦的事。在這一章裡，你會學到如何面對這樣的痛苦，但又不致於招架不住的方法。

首先，能夠了解「**在理智上**知道你的處境有多艱難」，和「真正對你的不幸抱持同理心」或是如《慈悲的心念》作者心理學家吉伯特所說的「聚焦於自身的同理心（self-focused sympathy）」這兩者之間的差異，會很有幫助。常見的情況是，你能以合乎邏輯或不帶情感的方式去認知自己的處境有多艱難，卻對自己所受的苦沒有太多同理心，或是無法對自己的這些經驗感到憐憫。情況也許是，童年的痛苦、受虐時的驚恐或受虐經驗帶來的艱辛，並沒有真正打動你。

當你能夠同理自己，意味著你在情緒上對自己的痛苦敞開心——你真正被自己所經歷的痛苦所打動。同理自己，意味著能夠承認痛苦而不小看它、否認它或將它隔離。這也意味著，等到機會來臨，你就能夠處理你的痛苦，並且把痛苦說給別人聽（Gilbert, 2009）。

隔絕情緒的後果

逃離痛苦是人的天性，而逃離痛苦會使得我們和自己的情緒隔絕。除非去面對情緒、處理情緒，否則我們不是在情緒突然爆發時成了它的奴隸，就是全面與它脫節。迴避情緒的其他結果還包括：

● **你會很不了解自己。**這是個很嚴重的後果，因為你搞不懂

自己何以在某種情境下做出某種反應，也不知道「你以為你想要的」和「你真正需要的」之間的差別。

● **你同時失去壞的和好的東西。**當你隔絕了憤怒、恐懼和悲傷等情緒，你也隔絕了感受喜悅與愛的能力。

● **你的情緒會扭曲或錯置。**努力要迴避感受的人，最後往往會把感受投射到他人身上（譴責別人生氣、悲傷或害怕，而事實上他才是真正有這些情緒的人），或是遷怒（把怒氣發洩到無辜的人身上）。

● **精疲力竭。**你可以扭曲情緒或讓自己麻木，但是你無法把情緒全部消除。你要花很大的精力去壓制情緒，而耗費這麼大的力氣會讓你壓力重重又倍感虛脫。

● **它會損壞你的人際關係。**當你和你的感覺隔得越遠，你和他人的距離就越大，你和自己的距離也是。

我們為什麼會抗拒悲傷和哀慟的感受

我了解，任由與受虐有關的感覺冒出來有多難受，特別是悲傷和哀慟（亦即，因重大失落而產生的極度苦惱）。然而，就像你所愛的人過世時你需要哀悼一樣；當你失去了純真、愛與信任，而且施虐者在你心目中的形象破滅時，你也需要哀悼。你需要去感受你的遭遇所帶來的傷痛。

我們之所以抗拒表達悲傷和哀慟是有充分理由的。有些人擔心，一旦自己開始哀悼，就會沒有止盡。有些人則擔憂，如果感受到內心的傷痛，自己會變得憂鬱。也有人感覺到自己的內心不夠堅強，不足以承受那些痛苦。也有人害怕，允許自己哀傷會把自己帶回童年時的慘況，而無法自拔。這些恐懼都是合理的，且讓我們一一討論。

● **害怕被痛苦和哀傷壓垮**。這麼多童年受虐者抗拒去感受和虐待有關的痛苦是有理由的——他們知道那痛苦之大，一旦他們允許自己去感受它，會輕易地被壓垮。他們知道，痛苦的感覺被隔絕了很長一段時間，一旦打開閘門，漫天蓋地而來的洪水會把自己淹沒。也許剛開始是這樣沒錯，當你允許自己宣洩目前的痛苦，眼淚會無法遏止地一波波湧出來。這一波波的悲傷會持續很長一段時間，你可能會害怕自己將終日以淚洗面。但就像一位明智的治療師所言，當我問她我還會哭多久，她說：「你會哭到哭不出眼淚為止。」你會哭很長一段時間，這想來恐怖，但是好消息是你的身體會照顧你。嗚咽啜泣會讓你咳嗽或哽噎，你甚至可能需要嘔吐。但是，這是你的身體在幫助你清理受虐一事遺留在你的身體和心理上的殘餘。你的身體不會讓你哭到危害自己的程度，你不是會為了喘口氣而停止哭泣，就是會哭得累到睡著。

● **害怕哀慟感會巨大到招架不住，以致變得憂鬱**。這同樣也是非常合理的恐懼，儘管如果你不允許自己表達痛苦和哀傷，變得憂鬱的可能性更大。但話說回來，我們也不希望你陷在悲傷和哀慟裡無法自拔，結果再也無法體驗到這世界的美好。我將會教導你有助於從悲傷中抽身，而不會身陷其中的技巧；假使你覺得自己陷在悲傷或哀慟裡走不出來，請你務必要去諮詢心理治療師或醫生。

● **害怕自己內心不夠堅強、無法承受痛苦**。沒有人比你更了解自己。任何時刻你都知道自己有多脆弱。或許你覺得自己目前在情緒上不夠強壯，以至於無法面對痛苦，這沒關係。但倘若你的痛苦和悲傷自動地湧現出來，也許就發生在你讀這本書的時候，想想這一點：依照我的經驗，個案唯有在準備好的情況下，才會去面對受虐的事情以及伴隨

而來的情緒。假使你在讀這本書的時候常常掉淚，你的身體正在告訴你，你很悲傷，你需要流淚宣洩。強迫自己去哀悼因受虐而生的失落是一個問題；當眼淚止不住地流下時去遏抑它，又是另一個問題。你也許比自己以為的要堅強許多：想想你是怎麼熬過來的就知道了。

● **害怕你會陷在過去而不可自拔**。雖說這是另一個合理的恐懼，不過還是有許多方法可以安住於當下，讓你不會陷溺在過去的感受和創傷裡。我們將在這一章學習其中一些方法。

在面對痛苦和逃避痛苦之間尋求折衷，通常是明智的。如果某一天你覺得情緒上格外脆弱，那就不是適合去感覺痛苦的日子。如果有一天你覺得足夠堅強、有安全感，也許那就是探究與受虐有關的痛苦的好時機。另一個取得平衡的做法是，讓自己面對些許痛苦，作一些自我慈悲和正念的練習，然後休息個幾天，直到你又累積了足夠的力量去處理另一部分的受虐經驗。

你可以運用一些技巧和策略來保護自己，以避免你最恐懼的情況發生，我將在這個章節中教你其中一些，包括面對和處理受虐傷痛的方法，以及哀悼失落的方法。我有把握，你可以經驗這些歷程而不會進一步受傷。不過，要是你覺得快要招架不住或是受到傷害，我會建議你尋求專業協助來化解你的痛苦。

面對你的痛苦

你也許會發現，自己並不願意去嘗試這個章節裡的某些

練習和歷程。這很可能只是嘗試新事物的自然反應，但這也可能意味著，目前不是你處理痛苦經驗的恰當時機。你必須憑直覺來告訴自己，你是否足夠有安全感、情緒上是否足夠堅強可以面對痛苦，而且，只有你能回答自己。

所幸，有個方法可以面對痛苦而不會被壓垮。那就是正念（mindfulness）的練習。正念賦予我們能力，能以平衡的方式來接受令人痛苦的念頭與感受。這對你來說也許是個更健康的新方法，去處理受虐的事在過去所造成的痛苦及其後果在目前所帶來的壓力和苦惱。你也許聽過正念的練習，而且實際上已經在身體力行。倘若如此，以下的章節就當作複習，也許它可以提供你一個特地把正念用來療癒羞恥的新方法。

練習正念如何幫助你哀悼

你要如何練習正念？首先，正念牽涉到**安住於當下**。有人說當下是我們所僅有的，過去已經過去，未來則尚未到來。但是，我們可能迷失在對於明日的想望與恐懼裡，或是對於昨日的懊悔之中，而錯過當下。

除了學習專注於此時此刻，我們也要學習如何**不帶評斷或批判**地這麼做。我們需要運用意識覺知（conscious awareness）把注意力導向觀察，且**僅只觀察**。因此，正念是在觀察我們意識領域內的動靜——**就在此時此刻**。

接受是正念的另一個面向。當我們接受情緒上的痛苦，而不是試圖忽略或擺脫它，改變就會自然發生。在這個脈絡下，「接受」和聽天由命、無力無助或粉飾太平不一樣。相反的，接受指的是清醒地選擇去經驗我們的感知、感受和想法，**就其原本的面貌**。當我們以這種方式練習接受，亦即不

去掌控或操縱我們的經驗，我們就是敞開心門迎向改變。

心理治療師長久以來一直在幫助個案克服童年受虐或創傷經驗。有些治療師單純只是帶著悲憫之心聆聽個案受虐的遭遇（光是聆聽就很有療癒力）；有些治療師會教導個案處理症候群的技巧，這些症候群包括憂鬱、焦慮、被觸發的反應、自我傷害行為，以及腦海中反覆閃現著片段的受虐畫面。有時候，治療師會幫助個案改變童年受虐所導致的扭曲想法，或消除個案對自身不實的負面信念。這些取向都很有幫助。

但如今也有很多治療師漸漸發現，幫助個案與他自己的想法和感受建立**新關係**很有好處，因而不再直接挑戰個案的想法和感受。這個新關係是較少的迴避，和更多的接受、同情和覺察（Germer, 2009）。

正念和自我慈悲是你的工具，幫助你改變與痛苦思維及感受的關係。我們的文化裡目前有個詞彙叫做「挺身而進（lean in）」[5]。在為受虐經驗療傷止痛的這個脈絡裡，「挺身而進」意味著不去防衛或對抗我們所認為的負面情緒，而是向這些情緒「挺身而進」，面對它、邀請它入內。這是正念和自我慈悲能夠教導我們的。透過正念和自我慈悲，慢慢靠近你最難受的情緒，張開雙眼敞開心，藉此幫助你面對它們，轉化你和它們的關係。藉由這歷程，我們始能獲得情緒上最大的紓解。

如今，正念被普遍地視為有效的心理和情緒療癒的重要因素。當治療進行得順利，個案會發展出接納的態度，接受他們在治療室所經驗到的一切，不管是恐懼、憤怒或悲傷，

5　編按：語出Facebook營運長雪柔·桑德柏格（Sheryl Sandberg）

而這種慈悲的態度將繼續轉移到日常生活中。

從嶄新的眼光來看待痛苦、憤怒和恐懼等難受的情緒，能提供你內心發生了什麼事的重要訊息。當我們緊抓著情緒或是把情緒推開，它會變得具有破壞力，在我們的精神或身體上造成更大的痛苦。而且當我們越是與之對抗，這些情緒似乎就越強悍。面對難受的情緒，比較健康的方式是以開放、洞察、自我慈悲的方式包容它。

要改變和自身感受的關係，可以藉由不對某種情緒妄加評斷，也別對於自己有某種情緒而感到沮喪、對自己說出「我討厭有這種感覺」、「我不該有這種感覺」或「有這種感覺是錯的」這樣的話語。你可以告訴自己「我現在會有悲傷的感覺是可以理解的」或是「我有權感到憤怒」，用自我慈悲的態度來接納自己的情緒。

正念是要聚焦於一個人的經驗，包括感知、思維以及感受。它也牽涉到越發覺察你的經驗，而且越發「進入」你的經驗，透過專注於你當下所處的世界的細節，同時也專注於你的感知、感受和思維，在它們湧現時。有時候，專注的狀態會自然而然地出現，譬如我們被夕陽之美所震懾之際。在那一刻，你渾然忘我，沉浸在每個當下，安住其中。這境界當然也能經由練習和修養而來，我們將從以下的練習來探索。

總而言之，正念是關於：

● 安住於當下。
● 更加覺察——留意你周遭的細節。
● 專注在你的體驗——感知、思維、感受。
● 辨識你內在每一刻的動靜。
● 接納一切，不加批判或評斷。

當你練習有成，正念可以讓我們在面對內在經驗時，比較少出現反射性的反應。

練習正念

我們先從可以讓你安定與留駐於當下的練習著手，為這一章接下來的練習和歷程打基礎。我建議在進行每項練習之前，只要你發現自己受到過往記憶的觸發，或發現自己失神或恍神——這都是創傷受害者很常出現的情形——就先運用以下的安定技巧來安住心神。

練習：安定

1. 找一個不會被打擾或分神的安靜之處。
2. 在椅子或沙發上坐正，腳底平貼於地面。如果鞋子有跟就脫掉，讓腳底平貼於地面。
3. 雙眼張開，深呼吸幾下。集中注意力去感覺地板在你腳下。持續吐納，並在整個練習過程中感受腳底平貼地面的感覺。
4. 隨著你持續吐納，環顧房間四周，慢慢地掃視，確認自己真正看見了周遭的事物。注意房間內物品的色彩、形狀、質地。如果你想要有更廣闊的視野，可以在掃視時轉頭。
5. 當注意力渙散時，把焦點拉回到感受你腳底下的地板，並持續吐納和留意周遭事物的顏色、質地和形狀。

這個安定練習是為了達到幾個目的。它把你的覺察力帶回你的身體，好讓你不再被觸發或失神。它把你帶回當下，這又是一件好事，假使你被某個記憶或是觸發因素困在過去

的話。再者，透過視覺來留意外在世界，刻意讓你的注意力集中在你自身之外，可以打破羞恥的漩渦，讓那些感覺和念頭平息沉澱，不再主導你的體驗。最後一點是，安定可以讓你準備好進入正念的修習。

下面是一個非常溫和的正念入門練習。絕不會有做錯的問題，所以別擔心你有沒有做對。整個練習只需要五分鐘，但要確認你處在不會令你分心的安靜空間（尤其是電子產品一定要記得關機）。

練習：正念的練習

1. 舒服地坐著，閉上眼睛。深呼吸幾下，然後開始留意體內有什麼感覺。只管去留意身體的生理感知並與之同在，任它們湧現和消退。
2. 你不需要特別去留意某個感覺，但要留意每個感覺或感知——手心的溫暖，肩膀的緊繃。不管這些感知是令人愉快或不愉快的，單純地去感覺它，然後讓它過去。只管去留意湧現的任何感覺或感知。
3. 大約五分鐘後，慢慢睜開眼睛。

你可能注意到也可能沒注意到，做完這個練習你更能安住於當下，或與自己的身體更有連結。無論如何，都很好。這個入門練習的重點，是幫助你熟悉正念的修習。

正念與錨定

正念是一種的特定覺察方式，當你經歷諸如悲傷、哀慟或恐懼等強烈的情緒，正念能幫助你安全地錨定在身體之內。當你維持正念，就比較不需要逃避不愉快的情緒。正念牽涉到時時刻刻知道自己的心思在何處，並且熟練地引導你

的注意力。如果你做過以上的練習，你可能已經體會過正念是什麼，就算只有一時片刻也好。在那專注的時刻裡，你的心靈處在相對樂於接納的狀態，因而你會覺察到很多感知，卻毋須去比較、評斷、貼標籤或估量它們。

如果你純粹只是留意來來去去的感覺，在你發現心思飄走時把它帶回當下，你會越來越容易做到專注。不過這需要練習，還要克服大多數人會有的一些習性。當我們試著坐定幾分鐘，任「我們的思緒來來去去」，我們往往會發現自己下意識地抗拒著這種練習帶來的不適，然後譴責自己感到不適，或譴責自己無法集中注意力、放任心思於執迷和幻想。這會讓坐定的過程變得很不舒服，甚至很難受。

正因為讓自己僅只是觀看，而不讓評斷和下標籤這類自動的心理功能接手是如此之困難，所以心靈需要錨定物來穩住：當心思飄走或很難讓思緒單純來去時，可以賴以維繫的東西。在正念練習中最常用來錨定的就是吐納，你永遠可以回歸吐納。把注意力集中在吐納，是收斂心神、把自己帶回當下的絕佳方式。

遺憾的是，創傷受害者往往很難把注意力集中於吐納。原因很多。受過身體虐待或性侵的人可能不喜歡想到自己的身體，因為想到身體會讓他們回想起不好的記憶。比方說，曾被性侵的人常會想起在受虐過程中加害者或自己的呼吸。曾被壓制在地、嘴巴被塞住或曾被監禁於狹小空間的人，若把注意力集中於吐納可能會變得呼吸急促。身體上受過凌虐的人回想到過去時，也不願聚焦在身體上。不喜歡自己外表或厭惡自己身體的人，也會覺得把注意力集中在吐納會讓自己和自己的身體過於靠近。

基於這些理由，我建議你另外找個錨定物。就像上述的安定練習那樣，把你的腳放在地板上，可以當作你的錨定狀

態。實物也可以當作絕佳的錨定物（一顆小石頭，或你所愛的人給你的東西）；只要它隨手可及。舉例而言，有人會把小石子帶在身上，當強烈的情緒襲來或被記憶觸發時，又或者在進行正念練習時，就可以用來幫助自己錨定和安定。

正念與難受的情緒

現在你對正念有了基礎的認識，讓我們來加以運用，幫助你處理和受虐經驗有關的情緒，尤其是痛苦、恐懼和悲傷。

下次你經驗到與受虐有關的強烈情緒，試著純粹地去觀察那情緒——你在身體的哪個部位感覺到它，它讓你感知到什麼——但不帶任何評斷或評價。克制自己不要去貼上「好」、「壞」、「難受」、「愉快」或任何帶有評價字眼的標籤。

試著去留意你感覺到這情緒時，腦海裡冒出的思緒，也就是因這情緒而生的聯想。看看它是有益或健康的，還是有害或不健康的，但不去評斷。試著去留意，對於這感受以及你感覺到它這件事，你有什麼想法。放開你的想法，單純去感受就好。當你發現自己在下評斷，不要評斷你的評斷。只要把評斷放一邊，繼續進行下去。

當我們評斷自己的情緒是「糟的」，自然的結果就是感到罪惡、羞愧或憤怒。增加了這些次發的感受，只會讓這樁不幸之事顯得更強烈、難以忍受。你往往會發現，如果你可以在一開始就避免痛苦情緒所致的罪疚感或焦慮，那麼你對悲慘的情況或痛苦情緒的忍受力會強很多。想想你在主要情緒之外又有次發情緒的狀況（對「憤怒」感到「憤怒或丟臉」，或對「憂鬱」感到「憂鬱」）。哪一個令你更難受或麻煩？是主要情緒還是次發情緒？

管理情緒的關鍵，是去體驗它，而不抑制、不評斷或不轉移注意力。觀照我們的情緒而不是對抗它或築牆把它隔開，有助於我們放開這些情緒。這需要練習，但很值得。接下來的練習將會幫助你經驗情緒而不會被它壓垮。任何時候只要你感到有強烈情緒，不妨運用一下這個方法。

練習：有起有落的波浪

1. 首先，讓自己安定下來。（參見這一章前面提到的安定練習）
2. 從純粹觀察你的情緒著手。留意這情緒帶給你什麼感受。留意當你感覺到這情緒時身體有什麼動靜。
3. 別去評斷情緒是好是壞。情緒就只是情緒。
4. 充分體驗你的情緒，把它當成有起有落的波浪去感受。試著別去壓抑感受或把情緒推開。不過也不要緊抓情緒或把它放大。盡管任它如波浪自行起落。

　　這個單純只是觀照情緒，任它湧現、存在和消退的體驗，隨著時間過去，會讓你更有能力放開你所耗費在情緒上的莫大精力。一旦你更能夠從那些情緒中抽離，你就能放開它。那情緒已功成身退。

　　如果在面對受虐經歷或哀悼失落的過程中，你感覺到那些情緒快要令你招架不住，請進行以下的練習。

練習：從某種情緒抽離

1. 首先，讓自己安定下來（參見這一章前面的安定練習）。
2. 告訴自己「我不等於我的情緒」，藉此將自己與情緒做出區隔。

3. 提醒自己不需要跟著情緒起舞。
4. 提醒自己在某一刻曾經有過完全不同的感受──當你沒被這情緒吞沒，或者你感覺到另一種較不具威脅性的情緒時。
5. 提醒自己曾經克服過這個情緒。

藉由學習觀察情緒，你學會把自己和情緒區隔開來，也學會把自己融入情緒之中。把自己和情緒隔開，可以讓你探究情緒，並使用一些因應策略來更有效地掌控它。把自己融入情緒之中，可以讓你認出它們是你的一部分，而非自身之外的東西。

把正念和自我慈悲結合起來

自我慈悲和正念可以聯手來幫助你往情緒「挺進」，與之建立新的關係。一如葛莫在他《自我慈悲的正念之道》（*The MindfulPath to Self-Compassion*, 2009）一書裡提到的：「正念要我們『去感受痛苦』，自我慈悲則要我們『在痛苦之中疼惜自己』。」

正念的修習往往會自然而然導向自我慈悲。不過在這個章節裡，我們將聚焦於如何刻意地把自我慈悲加進正念的靜坐修習之中。結合自我慈悲的正念，將幫助你體驗安全劑量的痛苦情緒，而不是迴避它或讓它吞沒你、壓垮你專注和運作的能耐。自我慈悲教導我們，我們可以承認痛苦並以仁慈和理解來回應，而不是以對抗的方式來對治難受的情緒。當我們對痛苦的情緒敞開心、用自我慈悲來回應，改變和療癒

將會自然而然地來到。

與自己聯繫

我的個案往往難以對自己的受虐和受苦感到同情,這通常是由於他們與自己以及自己的情緒失聯了。有些個案的自我形象在童年時便已扭曲,比如說,他們會把自己看得比實際年齡更大、更成熟。羞恥感無疑也讓你無法看清的受虐經驗有多可怕。假使你很難對自己感到同情,以下的練習可以幫助你與自己、你對受虐的感受以及真實的情況取得聯繫。

練習:假使是發生在別人身上?

1. 首先,讓自己安定下來(參見這一章前面的安定練習)。
2. 回想你某一次的受虐經驗。
3. 想像這虐待是發生在你自己的孩子身上,或你很疼愛的某個孩子身上。
4. 當你這樣想像時,留意你的情緒反應。
5. 當你想到你的孩子或你疼愛的那個小孩遭到這樣的虐待時,你的情緒反應為何?請寫下來。
6. 在你想像摯愛的孩子受虐時的情緒反應,和你對自己受虐的情緒反應有何不同?如果你的反應不同,你認為為什麼會不同?寫下你的理由。

還記得第二章的約翰嗎?就是那位被爺爺性猥褻的個案。他進行了上述的練習而寫下這些:「當我想像我兒子被我爺爺性猥褻,我的反應大不相同,我自己也很錯愕。爺爺讓我氣炸了,我真想把他殺了!他好大的膽子,竟敢對我兒

子伸出魔爪！後來我想了想，不禁納悶，當我想起爺爺侵犯我時，我為什麼沒那麼氣憤？當下我就知道答案了。當我想到爺爺對我做的事情時，我看到的自己總是比真實年齡大很多、更成熟的模樣。那就是為什麼我總覺得自己也真的參了一腳、認為是我和爺爺一起讓這件事情發生的。我總覺得，那件事是我們之間情感的自然結果。

「但我突然看到自己是個小男生——就跟我兒子一樣幼小又純真。如果有人靠近我兒子，要他做那些事，我不會假定我兒子已經成熟到能去選擇那種事。我會把它視為是大人占小孩子便宜，用他對爺爺的愛來操縱他，要他按照爺爺的命令做。這是我找你諮商後頭一回瞭解到，這一路以來你要我看清楚的事。我只是無辜的受害者。我終於能夠同情自己。

「我發覺到，對於發生在自己身上的事，我真的覺得很難過。我頭一次為了自己放聲大哭，為了自己曾經的遭遇，也為了我這輩子一直在承受的苦。因為我爺爺對我做了那些事。」

安慰自己

想像受虐的事情是發生在別人身上，可以幫助你更加察覺到你對自己受虐有何感受，也讓你感應到自己所吃的苦。這也提醒了你，你當時最需要的是什麼。

練習自我慈悲，你會更想要減輕自己所受的苦，也會更有能耐這麼做。花個幾分鐘，想想你受虐當時最需要的是什麼。我們在前幾章探討過這一點。是有人聽你傾訴、安慰你？還是有人站出來挺你、保護你？

允許自己被受虐之事有多痛苦所打動。就像受虐之後，

如果有人來安慰你會很有幫助一樣，當你再度體驗痛苦時（也可能這是你頭一次允許自己去感受那痛苦）能夠自己安慰自己，也可以讓你所吃的苦變得稍微可以忍受。

● 想像你現在正在給予自己受虐當時所需要的東西。
● 如果當時你最需要的是有人聽你傾訴，現在就對自己這麼做。你可以在腦中默默地說，或者大聲對自己說，也可以把受虐的感受寫下來再重讀一遍，要真的把自己所說的聽進去。
● 如果當時你最需要的是有人安慰你，現在就對自己這麼做。伸出你的手臂環抱自己，慈愛地抱著自己搖一搖。躺下來，像子宮裡的胎兒蜷曲身子。坐在搖椅上，輕撫自己的臂膀。
● 為了受虐的事情令自己多麼痛苦（驚恐、羞恥），給予自己同情。用溫柔的話安慰自己，譬如「你遇到這種事，我很替你難過」、「可憐的小女孩／小男孩」、「你不該被那樣對待」。
● 如果當時你最需要的，是有人站出來挺你或保護你，現在就對自己這麼做。大聲說出「離他遠一點！」或「她只是個孩子，別對她要求那麼多！」這類的話。

　　想像每次受虐後總有人會抱著你輕輕搖晃，你會有什麼感受。被人用這種方式關愛，雖然不會讓受虐的事實消失，但可以減輕你當下的傷痛。儘管當時你並沒有得到這類關愛的擁抱，現在你在哀傷的歷程中送給自己，也猶未晚矣。當你想起受虐的痛苦，或被周遭環境的某件事物觸發時，試試以下的練習，給自己一個關愛的撫觸。

練習：自我安慰

1. 首先，讓自己安定（參見這一章前面的安定練習）。
2. 試著做以下這些動作：輕撫你的臂膀、臉龐或頭髮；輕輕搖晃你的身體；給自己一個溫暖的擁抱。
3. 在你每次接受這類自我安慰的撫觸後，留意你的身體有什麼感覺。有沒有覺得更鎮定、更放鬆些？
4. 留意哪一種自我安慰的撫觸讓你感覺最好。有沒有哪一種帶給你更正面的聯想？

別讓自我批判的想法在這項練習上對你說三道四，因為安慰自己一點也不蠢，更不是自我中心。這是你對自己做的一件慈愛的事。

支持自己

如果我們感覺到別人的支持，要接納難受的感覺和情境往往會容易一些。談到我們和自己的關係時，道理也一樣。當我們對自己越慈悲、和善，我們就越有勇氣去接納難受的事情。接下來的練習是與受虐有關的情緒產生聯繫、給予自己支持和愛護的另一種方式。開始之前，先找出一兩張你的兒時舊照——會讓你起共鳴、想起童年時光的照片。如果你可以找受虐發生那段時期拍的照片，是最理想的。

練習：一封自我慈悲的信

1. 首先，讓自己安定（參見這一章前面的安定練習）。

2. 細細端詳你所挑的那張或那幾張照片。
3. 留意照片中你的表情、姿勢，以及透露出你當時有何感受的任何線索。你也許會注意到你看起來很悲傷、害怕或憤怒。或者你可能看不出任何線索。
4. 當你看著這些照片、想著受虐當時你是怎麼走過來的，留意此際你有什麼感受。
5. 寫一封「自我慈悲的信」給自己，在信裡告訴當時還是孩子的自己，你現在想到兒時受的那些苦有什麼感覺。就像長大的你正在對小時候的你說話那樣來下筆。
6. 一寫完這封信，就大聲唸給自己聽（更準確地說，是唸給小時候的自己聽）。讓自己把這些和善、支持和慈悲的話聽進去。

　　情緒總會藉由身體表達出來。如果我們可以從身體感受來認出情緒，即便是最強烈的情緒也可以緩和下來。舉例來說，當我們哀慟或悲傷時，會感覺到胸口緊緊的或胸口被挖空。我們憤怒時，通常會感到脖子、肩膀、下巴或雙手緊繃。我們恐懼時，則往往會覺得胃部緊縮。而羞恥通常會帶來上身或頭部空虛的感覺。

練習：緩和你的感受

1. 下一次當你感覺到與受虐有關的情緒（憤怒、悲傷、恐懼或羞恥）時，指出那感覺留駐在身體的哪個地方。
2. 一旦你指出那情緒位在身體何處，試著去緩和它，而不是去強化它或抗拒它。
3. 當你試著讓情緒緩和下來，留意你的身體有什麼感覺。你感覺到沒那麼緊繃了嗎？你更放鬆了嗎？
4. 持續緩和你的感受。

以正念和自我慈悲的方式來處理痛苦的感受，就是**與它們為友**。這關乎**緩和**生理或情緒上的苦惱，而不是強化它。這也關乎被你所經歷的痛苦事件打動，亦即在情緒上對你所受的苦敞開心胸。

　　自我慈悲和正念可以聯手幫助你經驗與受虐有關的痛苦，但不會把自己逼瘋、把自己拋向過往，或讓自己陷在過去之中。把自我慈悲和正念結合起來，可以讓你面對痛苦並充分體驗它，安慰自己和走向真正的療癒。

　　但願我們已經正視並剷除了許多阻礙你接受自我慈悲概念的障礙。既然我們已經用理解與接納打好了基礎，也學會了在痛苦的感受湧現時如何安撫、慰藉自己，我們將繼續「慈悲心療癒方案」的下一個練習。接下來，你會看到一個由技巧、態度和練習所構成的系統性方案，它可以更深刻地療癒你因受虐所致的羞恥感。

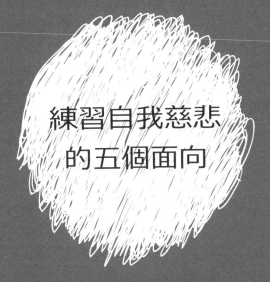

第三部

練習自我慈悲
的五個面向

我的「慈悲心治癒方案」由五個面向構成：自我了解、自我原諒、自我接納、自我仁慈、自我鼓勵。

除了減輕羞恥，「慈悲心治癒方案」也是設計來教導童年受虐受害者以下的態度和技巧：

- 如何開始把你的症狀和負面的因應方式——譬如酗酒、嗑藥、性上癮或自己傷害——視為應付的方式和保命的策略（自我理解）。
- 如何原諒自己因受虐一事而對自己和他人造成傷害（自我寬恕）。
- 如何理解和體驗自我批判的負面力道，重新把焦點擺在自我慈悲（自我接納）。
- 如何找出替代方法取代自我打擊的念頭，強化可以刺激內在支持與溫暖的腦神經通路（自我接納和自我仁慈）。
- 如何創造愛護自己的內在聲音，以取代冷酷、批判、霸凌自己的內在之聲（自我接納和自我仁慈）。
- 如何對自己生出同情的感覺，並以正面的方式撫慰自己（自我仁慈）。
- 如何用自我仁慈來取代自我批判（自我仁慈）。
- 如何支持、自我鼓勵下功夫去改變，而不是脅迫自己改變（自我鼓勵）。
- 如何發現和提升自己的力量、正面態度與技巧（自我鼓勵）。
- 如何欣賞自己，為自己感到自豪（自我鼓勵）。
- 相對於自責，如何做到負起責任；相對自我批判，如何做到修正自己（自我鼓勵）。

克莉絲汀・聶夫是研究自我慈悲的先驅之一。她基於自

己的研究，並援引社會心理學和佛教傳統，她把自我慈悲分成三個核心要素：自我仁慈（self-kindness）、共通的人性（common humanity），以及用正念安住於當下（mindfulness）。「首先，要懂得**對自己仁慈**，以寬容和理解來對待自己，而非嚴厲的批判論斷。其次，認同**共通人性**的存在，藉由人生體驗而與人連結共鳴，不要因自己受的苦而維持孤立疏離。第三，**用正念安住於當下**——用平衡的覺察來包容我們的苦楚，而不是不加理會或特意誇大。要真正做到對自己慈悲，一定要具備這三大要素。」（Neff，2011）

對一般人來說，我同意一定要具備這三大要素才能做到真正對自己慈悲。不過基於我多年來與受害者和施虐者進行諮商的經驗，我相信對於童年受害者，情況多少有些不同。

首先，童年受虐者心裡積壓了大量的差恥感，要做到對自己仁慈是極其困難的一件事。我甚至會說，很多昔日受害者若沒有先消除心中部份的差恥感，要做到對自己仁慈簡直是痴人說夢。這是因為，大多數受害者都認為自己不值得被仁慈地對待。

因此，為了讓你願意也能夠開始以仁慈對待自己，你需要針對我所說的三個先決條件來做練習：**自我理解、自我寬恕和自我接納**。沒有具備這三個先決條件，大多數童年受虐的受害者是沒有動力也沒有能力做到自我仁慈的。一旦昔日受害者對於「受虐的事情不該怪罪自己」有更多的了解，同時發覺自己的許多負面行為是為了應付受虐經驗、並在這世上存活下去的方式，他們更有可能接納和自我原諒。然後，也唯有如此，他們才會真正開始練習對自己仁慈。

自我鼓勵也是童年受虐受害者要做到自我慈悲的一個要素，這是因為缺乏自我鼓勵，你很可能會落回嚴厲批判自己

的舊習性，只看見自己所謂的挫敗而看不到自己的成就。

對童年受虐的受害者來說，認同自己身上也有共通人性的存在很重要，但我相信，童年受虐的經驗確實讓受害者認為自己和一般人不同。因此，儘管童年受虐受害者和世上其他人有共同的生活經驗，他們的特殊遭遇也必須受到正視，我將在有關「自我了解」和「自我原諒」的篇章來探討這一點。

我把「用正念安住於當下」和「共通人性」的概念納入這個療癒方案裡。當我們努力去自我了解、自我原諒、自我接納、自我鼓勵並對自己仁慈，慢慢地培養出自我慈悲的能力時，在背後支撐我們經歷這個過程的，就是「用正念安住於當下」和「認同共通人性的存在」這兩大支柱。

【第七章】
自我理解

童年的遭遇不會過去，而是像一年四季那樣反覆重現。

——艾莉娜·法瓊（Eleanor Farjeon）[6]

　　「自我理解」是「慈悲心療癒方案」的五大要素中，最優先也最重要的。唯有了解自我，你才能卸下羞恥感的重擔，停止為受虐自責，也不再百般挑剔自己。若缺乏自我理解，要做到自我慈悲的其餘四個要素，若非不可能也是相當困難。

　　就像很多童年受虐的人經驗到的，與受虐本身有關的羞恥感鋪天蓋地，而你因此傷害自己和他人的羞愧感也會讓你難以招架。這些羞恥的感受阻礙著你培養自我慈悲的能力。所以「自我理解」事實上是打開通往自我慈悲之門的一把鑰匙。一旦你慢慢對自己有所理解，包括理解自己一些惱人行為背後的動機與原因，你會發現，要做到自我慈悲變得容易許多。

　　如果缺乏自我理解，童年受虐的人會繼續指責自己的錯誤和缺點，而不是去爬梳目前的行為與曾經遭受的虐待之間至關緊要的連結。我並不是在鼓勵你為問題行為找藉口，但你若不瞭解自己何以如此作為，你不僅會繼續受到羞恥感的折磨、無謂地責怪自己，要戒斷惱人的行為也會更加困難。

　　童年曾受虐的人對自己特別苛刻。他們對自己有著不尋

6　英國作家（1881-1965）。

常的高度期待，在自己犯錯時無情地責備自己，尤其是自己的行為傷害到他人時。他們也很少會帶著同情心為自己的行為找理由，反而會要求自己「不准找藉口」。（有趣的是，他們不會以同樣的原則要求別人，往往會替別人不體貼或侵犯的行為找藉口。）

仔細想想，這其實很令人難過。身為童年受虐受害者，你勢必曾在父母或其他大人的淫威下遭受過可怕的凌虐與痛苦。然而你不僅不允許自己承認受苦，還期待自己毫髮無傷地從過往的凌虐中走出來，也就是說，在沒有任何協助或療傷止痛的情況下繼續你的人生。

不幸的是，這種思維會讓你付出極大的代價。首先，如果你是童年受虐的受害者，受虐經驗本身已經造成了你的創傷。或許當時你沒有察覺，但你確實受了傷。你可能也沒有察覺到這創傷是如何影響著你，但它還是對你起了作用。打個比方，假設你曾經遭遇空難，而且有幸生還，身體受的傷也都痊癒了，但是墜機經驗本身就帶來了創傷。先是墜機前的那些片刻：你意識到自己陷入險境，恐懼著即將發生的事。然後是墜機本身：你的身體受到衝擊而感受到的恐怖和疼痛，以及令人難以招架的景象、聲音和氣味。

就算你可以走出墜機事件，但你知道那創傷經驗會一直跟著你，對吧？墜機的情景會在你腦海中一遍又一遍地重演，讓你想起在整個過程中所經歷的一切。你可以預期，受創後會長期處在驚嚇中，而且很可能受到「創傷後壓力症候群」所苦——做惡夢、害怕坐飛機、甚至聽到飛機飛過的聲音也會心生恐懼，而且這情況會持續好一段時間。你能夠理解自己會承受著精神、情緒和身體上的傷痛。

童年受虐或受到忽視的孩子也同樣如此。除了折磨人的羞恥，你還要背負著創傷記憶以及這些記憶持續製造的壓

力。而且這些創傷後壓力症候群會大大地耗損你的身心。

　　我通常要煞費口舌地向個案說明，我從未遇過童年受虐受害者不以問題行為來回應傷痛的——酗酒、嗑藥、外顯、對於性或其他事物上癮、自我傷害、對所愛的人施虐，或留在受虐關係中等等行為模式。這些行為似乎在所難免。

　　有時候你會做出一些問題行為去應付童年受虐的創傷，但我希望你不要因此就認為自己很糟糕，運用這一章所提供的訊息，你會慢慢對自己有更多的理解。對自己有更多的理解，你就比較不會批判自己，你會慢慢發覺你的負面言行所反映的並非你的本質，那些事只不過是你因應創傷的方式罷了。我進一步地希望，這樣的自我理解會幫助你以更慈悲的方式對待自己，而且當你知道和你有同樣行為的受害者有多麼普遍，你也會比較不孤單。

　　在這個章節裡，我將不斷鼓勵你去找出你目前（及過去）的行為和你的創傷經驗之間的關聯。找出這些關聯將幫助你以更具同情心的方式對待自己，你對自己的行為也比較不會妄加批判、不耐煩和氣憤。

創傷後壓力症候群

　　創傷後壓力症候群是一種嚴重的焦慮失調，在遭受極端的創傷之後——自己或他人受到嚴重的傷害或致命的威脅，或者，自己或他人在身體、性或心理上遭受了巨大到無法承受的暴力襲擊——所形成的特有症狀。

　　有創傷後壓力症候群的人，往往會經由噩夢或創傷記憶突然閃現而再次經歷創傷，他們睡不好，感覺與周遭脫節和疏離，這些症狀可能會長期存在，而且嚴重到大大地損害個

人的日常生活。有創傷後壓力症候群的人會在生理上起明顯變化，心理上的症狀更不在話下。它往往會和相關的失調，譬如憂鬱、物質濫用以及記憶和認知的問題相伴出現，因而使得情況更加複雜。

創傷後壓力症候群大致可分為三大類：再度體驗、逃避麻木，以及過度警覺。**再度體驗的症狀**（reexperiencing symptoms）包括痛苦回憶的反覆閃現（一次次反覆體驗到創傷，往往伴隨著生理症狀，譬如冒汗或心跳加速）、做惡夢、駭人的念頭。**逃避麻木的症狀**（avoidance symptoms）包括避開創傷地點、避開話題、避開會聯想起創傷的事物、情緒上的麻木、強烈的罪疚感、憂鬱或憂慮、對以往所熱衷的活動喪失興趣、無法想起創傷事件的重要部分。**過度警覺的症狀**（hyperarousal symptoms）則包括易受驚嚇、感到緊張或易怒不安、難入睡、暴怒。

讀到這裡，你也許會吃驚地發現，你的許多症狀其實就是創傷後壓力症候群，你其實多年來苦於創傷後壓力症候群。這個體悟可能會帶給你一些安慰，因為你總算能夠理解自己的一些行為是怎麼回事，而且可以解釋給別人聽。這說不定是個起點，從今以後，你會逐漸開始用同情心來看待你所受的苦。

在某些創傷後壓力症候群的案例裡，其症候群比創傷本身更折磨人。舉例來說，侵擾性記憶（intrusive memories）主要是閃現感官的片斷情節（sensory episodes）而不是念頭。這些感官的片斷會加重或延長創傷後壓力症候群的症狀，因為個體會再度體驗創傷，彷彿它就發生在當下。

很多童年受虐受害者可以被診斷為創傷後壓力症候群，其中很多又深受不由自主反覆閃現的感官片斷折磨。我的個案梅蘭妮從三歲起就開始被哥哥殘酷地性侵，她常常感覺到

哥哥就在身旁。她有時候會在半夜驚恐地醒來，以為他就坐在她床邊。又或者在淋浴時，她會感覺到彷彿他正要闖入浴室。每當這些情節出現，梅蘭妮就又被性侵的經驗傷害一次。難怪有創傷後壓力症候群的人，會想盡辦法來對付這些情節。

創傷後壓力症候群也會進一步危及個人維繫社交和家庭生活的能力，包括無法勝任工作、婚姻出問題、家庭失和，以及無法養育子女。有創傷後壓力症候群的人特別容易會重複暴力的循環，原因如下：

1. 很多有創傷後壓力症候群的人會藉由喝酒或嗑藥來逃避症狀。
2. 創傷後壓力症候群的某些特性會引發施虐行為，這些特性包括易怒（對噪音或微小刺激極端過敏）、暴衝行為或難以控制憤怒。
3. 創傷後壓力症候群的某些特性會產生受害般的行為，包括無助和消極、自責、自覺被玷汙或自認邪惡、依附於創傷事件（尋找和原初的創傷很相似的關係）

並不是所有的童年受虐受害者都會有創傷後壓力症候群，而在家庭或社區人際關係上受創的人，則也屬於創傷後壓力症候群的高危險群。研究顯示，童年受虐（尤其是遭性侵）的人，終身罹患創傷後壓力症候群的可能性極高。

複合性創傷

曝露在多重或長期創傷下的兒童——這類創傷經常是人

際方面的——會罹患一組獨特的症狀，和創傷後壓力症候群有些許不同。這些孩子會有嚴重的行為問題、人際問題和功能問題，譬如在情緒、行為和注意力方面的調節能力受阻。這樣的現象就是所謂的**複合性創傷（complex trauma）**。和有創傷後壓力症候群的人一樣，複合性創傷的受害者為了應付自身的問題，常常會自己找藥醫（self-medicating），因此往往會酗酒、藥物上癮或強迫性地過度進食，或受其他的上癮症所苦。遭遇過這類創傷的人往往會墮入虐待的循環，不是變成施虐者就是繼續受害。這現象被稱為**創傷的世代傳遞**（intergenerational transmission of trauma）。

在這個群體當中，有重度憂鬱、焦慮症、物質濫用和人格疾患的比率特別高（比有創傷後壓力症候群的人還高）。除非受害者能夠從創傷的負面影響中康復，否則這些影響將會跟著他們一輩子，而且在人際關係上的影響最為重大。

除了要面對創傷後壓力症候群的大多數問題，有複合性創傷的人還可能會經驗到：

● 極端行為（自殘行為，譬如割傷、撞頭）
● 極端的性外顯（非法性行為或色情上癮；性創傷的重演）
● 為了抵抗麻木感或內在的死亡，創造高度危險或痛苦的情境（自我傷害的行為）
● 突然間暴怒
● 自殺的意念或作為
● 極端冒險的行為
● 重演不健康的關係

假使你童年遭受過多重創傷（譬如，你被父母忽視或情緒虐待、兒時被性侵多年，青春期又曾遭到強暴），你就很可

能有複合性創傷。請留意上列的描述哪一項符合你的症狀。

敏察創傷和認識創傷

敏察創傷（trauma-sensitive）和認識創傷（trauma-informed）這兩個詞，指的是以更有助益、更富同情心的方式來看待受過創傷之人的行為。敏察創傷取向挑戰了我們向來看待創傷受害者的方式，鼓勵他們以更有尊嚴、尊重和慈悲的方式對待自己（以及被專業人士對待）。認識創傷指的是，受害者和提供協助的人受過教育或訓練，對於創傷的影響有必要的認識。這包括深入了解和事先預見受創者的困境、期望和特殊需要，並能加以回應。

以敏察創傷和認識創傷的取向對待你自己和你的症狀，你會越來越有能力以更慈悲的方式對待自己。這個觀點把很多創傷後的症狀界定為「為了應付或適應勢不可擋的情況的**可理解的作為**」，因此對受害者來說，是更富有同情心的態度，也更能賦予受害者力量。

敏察創傷或認識創傷取向的主要目標，在於幫助你更了解創傷如何影響你的生活。更準確地來說，它著眼於幫助你看清，你對自己批判得最嚴重的行為（也是被別人所批判的），其實有很多都是因應創傷的機轉或自我調節的作為。這些行為包括了應付高度焦慮的一些嘗試（譬如抽菸、喝酒和自我傷害），以及無法用健康的方式安慰自己而導致的行為，像是酗酒、嗑藥或暴飲暴食。

下面是以認識創傷的取向來思考的一些原則；我鼓勵你在持續地療癒羞恥感和其他因受虐而來的影響時，回想一下這些原則。

- 創傷的衝擊會局限受害者的生活、限制他的選擇、破壞他的自尊，奪走他的掌控感並令他生出無望和無助的感受。

- 受害者經驗到的行為問題，實際上是針對創傷的適應性反應。因此那些症狀——包括製造麻煩的行為——必須被視為應付過去傷痛的嘗試，且應當被視為**適應作用**而非**病狀**。

- 當選擇有限時，藥物的使用和某些精神症狀很可能會演變成因應的手段。每一種症狀都曾經在過去幫了受害者一把，而且到直到現在仍在某些方面持續提供協助。

- 焦點應該擺在「這個人遭遇過什麼事」，而不是「這個人哪裡有問題」。

- 受害者隨時都在盡力應付創傷所帶來的後果，那些後果往往是讓生活產生劇變且帶來了巨大的衝擊。

　　帶著這個觀點，而不是責怪自己的反應，你會逐漸看清你的症狀是一種適應性的作為。舉例而言，喝酒和其他形式的物質使用，往往都是為了應付高度焦慮，有時是難以承受的焦慮。認清這一點，同時以慈悲對待自己，是邁向改變的一大步。接下來，你可以把重點放在學習一些策略，好讓自己得到安慰又有掌控感，例如寫日記、泡熱水澡、在額頭上敷濕毛巾，或者做做安定練習和深呼吸——這些都能彌補自我撫慰的不足。

　　從認識創傷的取向思考，其好處包括：

- 它把你從「糟糕的」轉變成被傷害的（或受傷的），讓你開始以更有同理心、更有建設性的態度對待自己。

- 它使你的問題外部化。你會看見自己本質上是良善的，只

是生活遇到了一些問題，而這些問題反映的不是你的本質。是症狀有問題，不是你有問題。

● 它使你正常化。受害者傾向於覺得自己不正常——糟糕、被汙名化、破碎、有病。而認識創傷的思維，會幫助你看見自己是對不幸的遭遇採取了正常且合理（可理解的）反應。

● 它強調長處與資源。由於你很可能會批判自己，尤其是批判自己那些有問題的行徑，因此找出你的長處，給自己一些讚美很重要。（我們將在第十一章討論）

● 它讓受害者有動力去發掘更健康、更有效力的因應策略。

當你了解到問題出在哪裡，當你可以同情自己所受的苦，你會開始覺得自己更有能力，更有力量去解決問題，對於改善生活也更加有希望。

把行為和經驗之間的關係連結起來

找到你的行為和創傷經驗之間的關聯，可以幫助你變得更慈悲，更不會對自己的行為不耐煩、妄加批判和發怒。以下所列，是童年受虐的受害者最常出現的問題行徑，以及最可能造成這些問題行徑的虐待形態。這些項目並不完備，它們僅是要幫助你了解，困擾你的行為和你受過的虐待之間的關聯性。

飲食失調。飲食問題諸如暴食再催吐（bingeing）、強迫性暴食（compulsive overeating）、以及情緒化進食，在情緒受虐者身上格外常見。這些問題之所以出現，都是為了對付深刻的空虛感、寂寞感、憂鬱、焦躁或其他的苦惱。

自殘行為。割傷、用香菸灼傷自己或撞擊頭部等行為，普遍說來都是為了應付嚴重的虐待經驗（長期被性侵、被輪暴、被嚴重忽視和遺棄、遭到虐待或嚴重的身體暴力）。

性調適上的困難。將人際關係性慾化的傾向、縱慾或逃避性接觸，或者在這兩極之間擺盪，通常是童年曾遭性侵所致。

酗酒和藥物濫用。對於童年受虐的倖存者，酗酒和藥物濫用是很常見的應付機轉，不管受虐的形態是被忽視或遺棄、言語虐待、情緒虐待、身體虐待或性侵。不過，有較多研究把酗酒和藥物濫用的原因，指向曾遭受身體虐待和性侵。

利用物質來應付受虐的衝擊

童年受過情緒、身體上的虐待或曾被性侵的人，得要卯足力氣對付強烈的情緒以及經常伴隨而來的人際混亂。令人扼腕的是，有些受害者會倚賴酒精或某些藥物的濫用來緩和受虐創傷所留下的痛苦。

認清你要應付的情緒和你所濫用的藥物之間的關係，是很有幫助的。接下來的說明不是在替你找藉口，而是提供一個脈絡讓你理解自己為何使用藥物，從而開始思索你可以運用的替代方式。以下是受害者會採用的一些常見的創傷症狀和藥物。

憂鬱。很多受害者對於自己的人生前景能否好轉感到絕望。諸如古柯鹼之類的藥物可以短暫地振奮心情，對於長期憂鬱的受害者來說猶如一帖靈藥。

焦慮。創傷為受害者帶來了焦慮和恐懼。短期之內，他們會擔心有更多的虐待發生，長期而言，他們會經驗到無孔不入的不安和憂慮。酒精和某些鎮定劑，譬如苯二氮類藥物

（benzodiazepines）會讓長期緊張不安的受害者降低焦慮。

內心的騷動和痛苦。因受虐的畫面閃現和受虐記憶的反覆出現，備受折磨的受害者可能會覺得這些經驗的強度大到難以負荷。他們也許會尋求可以致使遺忘，並且讓所有的感官麻木、遲鈍的藥物。他們會冒著特別高的風險，選擇以鴉片製劑或酒精來麻痺痛苦。

所有的感受都消失了。有些受害者感覺超載，有些受害者則說受虐讓他們對一切無感。他們說，所有的感受都消失了，從性慾到日常生活的快樂或悲傷，一概闕如。對這些人來說，可以產生或增強感受的任何物質都具有吸引力。他們可能為了得到瞬間的強烈快感而吸食古柯鹼或安非他命，或者為了增強體驗而吸食迷幻藥。

消極。對某些受虐者而言，受虐的一種長期後果就是失去捍衛自己的所有動力或能力。他們會說，面對某人的侵犯或威嚇，除了順從之外別無選擇，而且他們會希望自己能感受到應有的憤怒或魄力。可以宣洩或強化憤怒的藥物，譬如酒精或天使丸（PCP）對於自覺太過消極的受害者格外有吸引力。

過度的憤怒和怨恨。當受害者認清施虐者對他們所做的事，可能會體驗到排山倒海而來的憤怒，以及伴隨的報復慾望。假使施虐者已不在人世，或因為生病或住得太遠而難以見面，受害者可能會發現自己氣憤難當卻找不到宣洩憤怒的正當出口。在某些案例裡，受害者會尋求藥物，譬如酒精、大麻或鴉片劑，好讓自己減少怒氣或脾氣溫和些。

荷莉的故事：用酒精來舒緩焦慮

荷莉用酒精來緩解童年受虐所產生的焦慮，也用酒精來應付經常閃現的受虐畫面。「我恨自己，」她對我說，「因

為喝酒，我真的把自己的人生搞砸了。我失去了孩子、老公、工作，我所愛的一切都沒了。你一定認為，失去這一切應該會讓我戒酒才對。可是我沒有。我到底哪裡有問題？我到底要怎樣才能把酒放下？」

荷莉和很多經常為自己的行為自我譴責的個案沒有不同，他們似乎對自己何以如此毫無頭緒。

「你知道自己為什麼會這樣嗜酒嗎？」我溫和地問荷莉，「你這麼難戒酒的原因是什麼？」

「我知道我為什麼喝酒。我喝酒是因為我喜歡喝酒以後的感覺。我戒不掉酒，是因為我很軟弱、懶惰又愚蠢。」

「這個嘛，我想你提到了某個重點。不是你軟弱、懶惰又愚蠢，我不認為你是那樣的人。重點是你喝酒之後的感覺。你能不能描述一下喝酒帶給你什麼感覺？」

「喝醉的感覺很好，我什麼都不必想，所有的事情好像都變得更柔和，所有的稜角都不見了。」

「你沒喝醉的時候在想些什麼？」我問。

「哦，所有的事，大部分關於我是怎麼把我這輩子搞砸的。」

「我懂，但是在你把你這輩子搞砸之前，你不願意想到的是什麼？」

花了好一段時間，我總算讓荷莉談起她的童年——她寧願喝醉的真正原因。

荷莉從六歲起就遭到父親的肢體暴力和性侵，直到她十六歲離家。受虐的畫面幾乎每天在她腦中閃現，喝醉酒便是荷莉可以阻擋這些回憶的唯一方式，儘管只能阻擋得了一時。喝醉讓她感覺到其他方式都無法帶來的平靜和安樂。荷莉一點都不傻，她找到了一個聰明的方法（雖然也是自我摧毀的方法）來醫治自己。

當我和荷莉討論到她其實有充分的理由喝醉，而且她是竭盡全力在對付童年的創傷之後，她變得比較不那麼批判自己。我繼而向她分析，儘管喝醉可以幫助她阻擋記憶、避免受創的片斷閃現，但這樣的應付機制是不良的，因為它無法讓她從受創中復原。事實上，喝酒帶來了更多創傷（譬如讓她失去孩子）。諸如買醉這類適應不良的行為，往往會造成失控的反應，包括造成深刻的羞恥、扭曲的思考歷程以及帶來負面後果的行為。

自我理解的契機

如果你有酒精或藥物上癮的問題，你很可能是在用這些物質應付創傷性症狀，這樣的理解很重要。有了這一層理解，你比較不會批判自己，也會更有動力去尋找較有效的因應方式，並身體力行。

我請荷莉依照她自己的情況，完成以下的造句：「從我受虐的歷史來看，＿＿＿＿＿＿是可以理解的。」

以下是她完成的句子。

從我受虐的歷史來看，**我會想方設法去抵擋痛苦**是可以理解的。

從我受虐的歷史來看，**我在那麼小的年紀就開始喝酒**是可以理解的。

從我受虐的歷史來看，**我會飲酒過度**是可以理解的。

從我受虐的歷史來看，**我很難戒酒**是可以理解的。

我建議你也用同樣的句子造句，一想到什麼就把它寫下來。

安定

　　我分享了更多有效的因應方式給荷莉，她發現第六章的安定技巧對於控制記憶片斷的閃現非常有效。安定是強力又簡單的方式，可以幫助你管理情緒上的痛苦並從中抽離，譬如創傷的記憶或記憶片斷的閃現、心神飄忽或恐慌的狀況。目標是要把注意力從負面的感受轉移開來，拉往外在世界。安定技巧之所以格外強力，是因為在任何情況下都可以進行，只要你發現自己陷在情緒性痛苦裡或被觸發，而且隨時隨地都能做，不用擔心被人注意到。

　　請注意，安定練習不是「放鬆技巧」，事實上以讓受害者集中心神這一點來說，它往往比那些技巧有效得多。一些有創傷後壓力症候群的受害者，在接受傳統放鬆技巧的引導時，反而會更加焦慮。閉上眼睛會讓某些受害者心神飄忽，而專注於吐納——甚或聽到「放輕鬆」這字眼——就會觸動他們的記憶，聯想到被性侵的片段。

　　做完安定練習後，大部分受害者表示他們感覺到更能進入「當下」。事實上很多人都吃驚地發現，他們比自己所認為的要更常「靈魂出竅」（心神游離）。每當你極度焦慮，每當創傷記憶或片斷畫面閃現，每當你發覺自己心神恍惚，不妨做一下安定練習。

把你的行為放回脈絡中

當你對自己何以會採取某些行為來應付受虐經驗有了更深入的理解，你對自身問題行為的羞恥感以及自我批判很可能會減輕一些。以下的練習將會幫助你建立對自己的理解。

練習：找到受虐經驗和問題行為之間的關聯

1. 列出令你最感困擾的行為——你曾做過的讓你最感羞恥的事（譬如酗酒、嗑藥、性的外顯、施虐行徑）。
2. 仔細檢視每一項行為，看看能否找出它和你受虐經驗的關聯性。運用我之前讓荷莉造句的句型，寫出像這樣的句子：「從我受虐的歷史來看，我會有這樣的行為是可以理解的。」
3. 等你勾勒出這至關重大的關聯性，並說出這樣的行為是可以理解的，看看你是否對自己和自己所受的苦更感同情。
4. 下回你發現自己做出不健康或自我摧毀的行徑，不要斥責自己做出這些行為（或不健康行為的意念），反覆寫下這個句子，或只管跟自己說：「我了解我為什麼會有這般行徑。」

虐待循環的重複

目前為止，我們討論了受害者為何會使用諸如物質濫用、自我傷害、性上癮和其他事物上癮這類因應機制的原因。在這一節，我們將把焦點擺在受害者背負著大量羞愧的另一個原因：因為他們的行為傷害到其他人。

沒有人能夠毫髮無傷地度過受虐或被忽視的童年，這說來令人難過，但更可悲的是，脫離受虐處境的人多少都被暴力的循環所滲透。在很多案例裡，童年受虐或被忽視的人，

終其一生都在施虐與受害的循環之中。研究清楚顯示，曾經受虐的人不是繼續接受虐待，就是把它傳遞下去。在過去二十五年裡，關於虐待和家庭暴力的研究強烈地顯示，受虐兒童在日後變成施虐者的風險更高，而且家暴受害兒在長大後使用暴力的可能性也大很多。童年受虐者，在日後對家人或性伴侶施暴的機率是無受虐史者的四倍。童年受虐過的女性，在成年後持續成為受害者的可能性也大很多。

即便是最善良的人，也可能發現自己正處在童年曾目睹或經驗過的那種暴怒中。當他喝酒過量、被激怒或是回想起受虐的事，憤怒就可能湧現。抑或相反的情況：從小被毒打或目睹媽媽被家暴的女孩，長大後可能嫁給會對自己或對孩子家暴的男人。她會無助地投降，無法捍衛自己或一走了之，就跟她母親一樣。

童年曾遭到性侵的男性，時常會性侵自己的孩子（女性的情況則較少見）。如果他娶了一個童年曾被性侵的女人（這情況很常見），她通常就會成為所謂沉默的共犯——否認自己親身所受的虐待，以致於自己的孩子被猥褻時竟袖手旁觀。也有一些例子，是童年被性侵的受害者沒有猥褻自己或其他人的小孩，反而是擔心重覆這個循環的可能性，因而沒辦法透過肢體表達他們對子女的愛。

一般而言，童年受虐的創傷似乎會擴大性別的刻板印象：童年受虐過的男性比較可能把他的攻擊性施加到他人身上，而女性比較可能被侵害或讓自己受傷。事實上，**暴力循環**理論認為，比起沒受過家暴的男性，受過家暴的男性長大後較可能變成會在身體上施虐或施暴的人，而受過家暴的女性長大後更可能變成家暴受害者。（Herman, 1997）

羅莎的故事：持續當被害者

「我不知道自己是哪裡有問題。我忍受丈夫家暴，忍了將近二十年。我被他打到進醫院，前後三次，每次我都對醫生和警察說謊。我的家人也徹底放棄我了，過去他們幫了我很多次，但現在他們說要再看到我鼻青臉腫的樣子，太難受了。我的孩子……天曉得我對他們做了什麼。我大兒子跟他爸一樣壞，他對待我的方式跟他爸是一個樣，對我頤指氣使，批評我做的每件事。我小兒子跟我一樣怕他爸怕得要命，他基本上離他爸遠遠的。他哥哥多年來老是欺負他、騷擾他，現在他在學校甚至遭到霸凌。他哀求我離開他爸，但我還是做不到。我這個當媽的實在很糟糕……」我的個案羅莎第一次跟我會談就是這樣起頭的。

研究顯示，大部分被家暴的婦女不僅童年時曾在情緒、身體上遭到虐待或性侵，而且大多受到複合性創傷，這部份我們在這一章的前面討論過（Herman, 1997）。羅莎就是一例，在她的成長過程中，母親對她嚴重家暴並忽視她。羅莎的母親也是受到家暴的婦女，羅莎親眼目睹過幾次爸爸毒打媽媽的情形。

羅莎終究選擇了與會對她動粗的人成婚，這絕非巧合。羅莎的自尊心嚴重受損，童年遭遇也讓她負傷累累，因此當她跟人講話時幾乎無法正視對方。但是她遇到了丈夫法蘭克，他曾經對她特別感興趣，待她以尊重和溫柔。他們很快地墜入愛河，與對方無話不談，包括他倆都有過的受虐童年。這是羅莎頭一次感覺到真正被人看見，第一次感覺有人聽她說話、有人了解她。但是，就像羅莎的童年讓她容易挨拳頭，法蘭克受虐的過往也讓他變成會動粗的人。沒多久，只要羅莎不順法蘭克的意，他就會暴怒。（童年受虐的受害

者經常對他們的伴侶懷有不合理的期待，譬如期待他們的伴侶會彌補童年所錯失的一切。）

　　隨著時間過去，我慢慢地幫助羅莎理解，為什麼她會一直待在法蘭克身邊，儘管他變成了暴力相向的人。不僅是持續的家暴進一步損害了她原本已然低落的自尊，讓她害怕離開了法蘭克自己會活不下去，她也受不了離開這個曾經了解她的受虐過往並支持她的人。羅莎和法蘭克之間有著強韌的連結。她為他感到惋惜——她懂得他為何有那些行徑，他身不由己。她怎麼離開得了？

自我理解的契機

　　被家暴的婦女經常被誤解，就連最親近的人也會誤解她們。家人和朋友就是無法理解她們為什麼不脫離苦海。但基於我三十多年來幫助受虐男女的經驗，我敢說他們有著充分的理由，而且通常都與受虐的童年有關。我希望羅莎的故事能夠幫助你多自我了解一點——如果你現在就是情緒或肢體虐待的受害者，而且你無法離開目前的處境，即便你知道這對你和孩子都不好。以下的練習也會有幫助。

練習：為什麼我走不了？

1. 列出你離不開這個處境，或無法結束關係的所有理由（像是害怕孤單或害怕養不起孩子，或者認定倘若你離開他或她，你的另一半會自殺）。
2. 想想你所列的理由和你的童年背景有什麼關聯。舉例來說，你可能列了害怕孤單，因為你小時候常常被單獨留在家裡沒人關心。如果你列的是擔心自己養不起孩子，也許是因為你父親拋家棄子，你經歷過得不到溫飽的困苦歲月。認為另一半會自殺，可能是因為當你媽媽離開爸爸時，爸爸揚言要自殺或真的自殺過。

因受虐而重複這個循環

　　儘管大多數人——包括受害者本身——都難以理解為何受到家暴的婦女會留在受虐關係裡，但更令人難以理解的是，為什麼有人會用如此殘暴的方式虐待另一個人。藉由羅莎和法蘭克的案例，我打開了一扇洞察加害者內心的小窗。我的個案雷的故事，將帶來更多的啟示。

雷的故事：重演自己的遭遇

　　與雷會談是在我執業的早期。他因為對太太家暴，依法必須尋求諮商。當時我在加害者處遇機構當實習生。儘管我同情施虐者，一如我也同情受害者，但我當時沒有充分了解他們為什麼會施暴。在那個年代，加害者被認為有憤怒管理的問題，而非羞恥管理的問題。與雷的會談對我來說是一份禮物，因為他讓我更深入地了解加害者的困境。

　　雷的作風和很多施暴者一樣，防衛心強到好辯的地步，對於我可能提供的協助完全不領情。他堅信毆打太太的理由是因為她不聽從他，而解決問題的方法就是她對他唯命是從。雖然他知道，如果不想坐牢就不能再毆打太太，但是他始終不認為把太太當私有物來對待有什麼不對。

　　經過了數星期，我漸漸開始懷疑，在雷的防衛心和虛張聲勢背後，藏著莫大的羞恥感。花了好一陣子，我終於知道雷的父親在雷小時候對他嚴重地情緒虐待，雷的父親極端有控制慾又很苛刻。當他無法符合父親不合理的期待，父親會斥責他：「你真是個懶惰蟲，我不曉得你是哪裡有問題，這種事情大家都會，就你不會，你太懦弱。」

　　當我試著讓雷談談父親這樣對待他，他有什麼感受，他避重就輕：「這沒什麼大不了，他是為我好。」

但我打定主意要讓雷同情自己所受的苦，而我能做的最好方法就是對雷表達同情。「你描述的你父親對你說話的樣子，聽起來令我感到氣憤。」我跟他說：「他沒有權力那樣子對你說話，就算他是你父親也一樣。我也感到很難過，他對你那樣殘忍，那樣打擊你的人格，實在很傷你的感情。聽起來你已經盡全力，但你父親就是不滿意。我想你爸說你懶惰又懦弱，你一定覺得很羞恥。你有這種遭遇我很遺憾。」

　　起初，雷還與我爭辯：「他急著要把籬笆上漆，我沒做好。」

　　「你當真認為你那個年紀的小孩子能在一天之內漆完？你的父親不會期待過高嗎？」

　　「他只是在教導我要負責任。」

　　「沒錯，但是你父親要對你那麼殘忍嗎？他有需要辱罵你嗎？」

　　接下來幾個月，我繼續與雷晤談，幫助他慢慢看見他父親一直在情緒上虐待他，他也因此感到極度羞愧和恥辱。我也持續對他所受的苦表達同情。最後雷開始看清，也許他父親對他太苛刻了。

　　下一步則是要鼓勵雷以慈悲對待自己。他開始承認，他當時畢竟只是個孩子而已，他父親的期待太高了。他甚至跟我坦承，他這輩子頭一次不覺得自己是窩囊廢。

　　減輕些許的羞恥之後，雷比較禁得起更誠實地檢視自己的行為。沒多久，雷開始看清他是在用自己曾被對待的方式來對待太太。他承認，他執意太太要對他言聽計從，是因為他想要像小時候被控制那樣來控制她。只要她不依他的意思，他就會覺得再度受辱而暴怒。「我想要別人把我當男人、當主子，而當她不按照我的意思去做，我就會覺得自己很失敗。」

　　因為對自己多了一些理解，因為看見自己所受的苦，雷

開始能真心地對太太的處境感到同情。等到雷結束晤談，我不擔心他會對太太動粗了——不過當然，我也無法打包票。

大約六個月後，雷寫了一封信給我：

親愛的英格爾小姐：

我只想告訴妳，我有多感激妳為我做的一切。我這輩子從沒遇過有人像妳那樣了解我，從來沒有人對我那麼好。這幫助我去思考，或許我也要對自己好一點。我從妳身上學到很多，最重要的是，我不想再用以前被對待的方式來對待太太和孩子。

P.S. 內人也要我代她表達感謝。

雷

自我理解的契機

假若你有施暴的傾向，但願雷的故事提醒你，人會變成施虐者**總有**原因。事實上，我所認識的加害者當中，沒有一個是不曾被虐待過的。這不是藉口，而是說明。但願你能發現，被了解和對自己多一些了解，是威力強大的療癒工具。

想要避免自己重演兒時經歷過的虐待或忽視，以及停止已經出現的問題行徑，第一步就是清楚地找到你當前的行徑和施虐於你的人的行徑之間的連結。以下的練習，將會幫助你更清楚地看到，你目前的行為是你父母或其他加害者的翻版。

練習：你和你父母有沒有共通處？

1. 你需要用三、四張紙來做這項練習。
2. 在一張紙上或日記本上，寫下你母親過或現在忽視或虐待你的方式。包括她的態度、言詞和行為。

3. 在第二張紙上，列出你父親忽視或虐待你的態度、言詞和行徑。
4. 假使你是由其他長輩養育長大的（養父母、祖父母等等），另外列出這些人忽視或虐待你的態度、言詞和行徑。
5. 在另一張紙上，列出你忽視或虐待你的孩子、另一半或其他人的方式。這清單只給你自己看。要列出這樣的清單無疑相當困難又痛苦，你也許會想欺騙自己或把這練習丟到一旁。如果出現這種情況，提醒自己你要療癒羞恥感和打破這循環的決心，然後深呼吸一下，再試一遍。記得，雖然寫出這張清單是如此困難，但它會帶著你打破循環，而不是在下一代身上重演暴力循環。此外不妨再設想一下，倘若你不誠實地面對自己，往後要面對你所造成的傷害會是加倍的困難。
6. 將你所列的清單加以對照。留意你被忽視或虐待的方式，和你父母忽視你或虐待你的方式，有何相似之處。

虐待和忽視所留下的幽微遺痕

　　除了讓受害者持續虐待的循環，虐待和忽視還留下了其他更幽微的遺痕。舉例來說，經歷過這些事情的人往往沒辦法看清另一半、孩子甚或同事，他們是透過受到恐懼、不信任、憤怒、痛苦和羞恥所扭曲的鏡片在看事情。他們看見實際上並不存在的譏笑、拒絕、背叛和遺棄。低自尊使得他們太過敏感，總以為別人都是衝著自己來的。況且，他們很可能有控制方面的問題，若不是需要掌控別人，就是很容易被別人掌控。兒時受虐或被忽視的人通常無法信賴另一半。他們通常會步上父母後塵，重演虐待的戲碼，把另一半看成敵人而非盟友。他們當上爸媽後，假如沒被提醒，也很難看到孩子的需要或痛苦。他們很難容許孩子犯錯，把孩子犯錯當成是他們個人失職的恥辱。在工作場合裡，昔日和父母親及

手足之間的戲碼，也會在與上司和同事相處時上演。想想你受過的虐待和忽視在你身上造成的影響。在以下的練習裡，列出或寫下它如何影響你看待自己和看待別人。

練習：虐待和忽視的幽微影響

受虐以下列方式影響著我看待自己：

_____

_____

受虐以下列方式影響我看待他人：

_____

_____

練習自我理解

　　儘管某些人的復原力比其他人來得好，但是童年受虐的人所受的傷害影響深遠，這一點我們先前討論過。因為可預期又可理解的行徑而看輕自己，無法幫助你停止負面和破壞性的行為。事實上，這只會讓你對自己感覺更不好，結果更沒動力去改變。對自己多一些理解很有幫助。對自己多一些理解，你會停止再把已經令你不堪負荷的羞愧加到自己身上，自我理解也會轉變成燃料，激發你成長與改變。

　　自我理解的主要目標之一，是要讓你停止不時出現的自我批判，開始理解自己的失誤和挫敗。與其責怪自己犯錯或疏失，不如開始相信自己的作為或不作為都是有充分理由

的。如果你想要擺脫成為你沉重負擔、時時折磨著你的羞恥感，這麼做就是邁出了一大步，而且是不可或缺的一步。

每當你對自己目前或過去的行為過於批判時，這也是你需要踏出的一步。翻翻這一章裡你所做過的練習，它們會幫助你審視自我批判的原因。當你又開始自我批判，提醒自己：「從我童年遭受的所有經歷來看，我會有這個症狀或這個表現行為是可以理解的。」或盡可能平心靜氣並懷著慈悲，簡單地對自己說，「我為什麼會這麼做是可以理解的。」隨著時間過去，對自己的理解就會越來越深刻。

如同我們討論過的，昔日受害者會帶著大量的羞愧和不耐來看待創傷的症狀。他們會批判自己，對於這些症狀如何影響自己和他人感到無比羞愧。不時提醒自己，你最感丟臉的行為實際上是你的因應之道和存活技巧，這樣的自我提醒很有幫助。這些行為會這麼強大又頑固不是因為你很蠢或很壞，恰恰相反，它們是你機伶地應付難以忍受的焦慮、恐懼、痛苦和羞恥感的方法。

不論你過去或現在犯了什麼錯，不管你是否持續受害，或成了加害者、傷害自己或他人，藉著練習**自我理解**——自我慈悲的要素，你會發現，是你的童年環境造就出你目前的行為。以同情心來看待你所受的苦，這份自我察覺到頭來會賦予你力量。

【第八章】
自我寬恕

真正的坦白是吐露我們的所作所為，我們的靈魂也將從而有所改變。

——穆德・皮特（Maude Petre）[7]

　　到目前為止，你在這本書中讀到的內容以及做過的練習，都是為了這一章而鋪路。要消除折磨人的羞恥感，自我寬恕是最強而有力的一步。要從受虐事件和受虐的影響中徹底復原，什麼都不比自我寬恕來得重要。

　　不只是從受虐中復原的人需要自我寬恕，它對所有人都不可或缺。它是這樣運作的：你化解的羞恥感越多，越能夠把自己看清楚——好的和壞的都看清楚。你會越來越樂於接受他人和他人的回饋，而不是硬起心腸把別人推開。你會越來越能看清並承認你如何傷害自己和他人。你和他人的關係會改變和深化。更重要的是，你和你自己的關係也會更好。

　　慈悲心是羞恥感的解藥，自我寬恕是療傷止痛的藥方。自我慈悲可以中和羞恥的毒性，消除羞恥所造成的毒害。自我寬恕可以緩解羞恥感在身、心、靈方面造成的痛苦，促進全面的療癒。

　　想要寬恕，你需要做到些什麼？首先最重要的是，你需要就受虐這件事情原諒自己，別再讓自己受到它的囚禁。如

7　英國羅馬天主教修女、評論家（1863-1942）。

同茱迪絲・維奧斯特（Judith Viorst）在她《必要的失落》（*Necessary Losses*）這本很棒的書裡寫的，罪疚感會讓你對未曾犯下的罪行做出「終身苦行」的判決（1986）。就像我之前提過的，受害者會把受虐的事情怪到自己頭上，因為比起感到脆弱和失控，自責相對而言令人好受一些。若你持續責怪自己，你就可以繼續緊抓著能夠掌控的幻覺，躲開伴隨著受虐而來的無助感。同樣重要的，如果你持續因施虐者所做的事情而責怪自己，你就不必去面對被遺棄、遭到背叛和失望等等，當你看清你所在乎的人的真面目時會產生的感受。

其次，你需要原諒自己因為受虐而做出傷害他人的事。包括原諒自己所有的行為和疏失——你帶給別人的所有傷害。最後，你需要原諒自己對自己所做的傷害。在這一章裡，我將引導你一步步達成這三項任務。

自我寬恕的障礙

就像要做到「自我慈悲」會令你心裡升起很多抗拒，你也同樣會抗拒「自我寬恕」這概念。你也許是把自我寬恕看成是放自己一馬，就好像自我批判是鞭策自己進步的唯一方法似的。然而負面的自我批判和自責，事實上也會變成進步的障礙。你對自己過往的行徑越感羞恥，你的自尊心越低落，你也就越沒有動力去改變。缺乏自我寬恕，你那高漲的羞恥感會令你的防衛心壯大，你會藉由拒絕看清自己的錯誤、不打開心胸接受批評或指正，以抵擋更多的羞恥感來到你身上。

好消息是，下定決心改變自己行為的同時，你就原諒自己了。事實上，你越能夠自我寬恕，越有動力造成改變。自

我寬恕會讓你放開所有的抗拒、深化你和自己的聯繫，為你打開通往改變的大門。

自我寬恕的另一個障礙，是你覺得必須保護或原諒加害於你的人。但是相較之下，原諒自己還是重要太多了。當你看清你不應該因為受虐而責怪自己——看清自己當時很脆弱，或太相信人，或純粹是倒楣才會碰到加害者，你會發現自己更能自我寬恕，也會更自由地去感受對加害者的合理憤怒。

自我寬恕的另一個困難是，你可能強烈地需要「當個好人」或在他人和自己眼中「是個好人」。這種對於「零缺點」的需求，也許是源於你的父母或其他照顧者從前對你有如此不合理的期待，他們或許會在你犯錯時嚴厲地懲罰你或遺棄你。現在你發現，自己也是同樣地批判自己、不原諒自己。

最後，你可能會問：「我為什麼要原諒自己？這對我傷害的人毫無幫助。」對此，最強而有力的理由是：如果你不原諒自己，你所背負的羞恥感將會逼迫你繼續傷害他人和自己。而自我寬恕，可以幫助你療癒另一層的羞恥、將你鬆綁，讓你繼續變成一個更好的人。擺脫你背負已久的自我厭惡，你將能夠真正地脫胎換骨。

就受虐一事原諒自己

自我寬恕的起點和終點都在受虐一事本身。我希望到目前為止，你在本書所讀到的內容能幫助你停止責怪自己。但對某些人來說，不論他們聽到多少次「童年受虐的事情不該怪你」，他們就是不買單。他們深信自己多少該為受虐一事負責，特別是被父母虐待的人或是遭到性侵的人。遭受這類虐待的人很難停止自責的原因有很多，我們將在以下的段落

加以討論。

拋開否認

　　曾被父母或其他重要照顧者虐待的人之所以會不停責怪自己，主要原因是「否認」。就像我們先前討論過的，否認是威力強大的防衛機轉，為我們抵擋劇烈的痛苦和創傷。我們就是藉著這個防衛機轉，來阻擋或「遺忘」身體和情緒上的強烈創傷所造成的劇烈痛苦。童年受虐和被忽視的受害者傾向於否認自己所遭遇的事，或者小看它造成的傷害；因為不這麼做，就得承認家人竟然以如此可怕的方式對待他，要面對難以忍受的痛苦。

　　否認的主要理由之一，是孩子深愛著父母，因而會把父母理想化。「天下無不是的父母」和「愛之深，責之切」這些信念，打從我們呱呱墜地起就深植於心。小孩非常依賴父母的愛和照顧，為了保有對父母的信任，他們不得不駁回「爸媽會做出這種虐待的行為，他們一定是哪裡有問題」這麼明顯的結論。他們會想盡辦法編出一套解釋，免除父母親的責任和罪過。既然無法逃避或改變不了父母其實並不慈愛、很殘忍或者會虐待人的事實，孩子只好在心裡改變它。受虐的事不是被從意識或記憶裡隔開，使得這件事在孩子心裡好像沒有真的發生過；不然就是這件事被小看、被合理化和開脫，因而不管發生什麼事，都「不算真的發生過」。

　　小孩替父母開脫忽視或虐待行徑最常見的方式，是怪罪於自己。小孩不管怎樣都是自我中心的，所以會認定自己就是一切的起因；而他們需要維護自己對父母的依附，更會擴大這種傾向。

　　當我們長大成人後，選擇否認的另一個理由，是一旦要

面對父母或其他照顧者是怎樣錯待我們的，將帶出許多惱人的問題：

● 一旦面對了父母從前是怎麼對我的，我能夠和他們（或其他家人）保持怎樣的關係？
● 關於父母錯待我的事，我需要面質他們，好讓我療傷止痛、打破循環嗎？
● 我的孩子待在曾經虐待或忽視我的人身邊，這樣安全嗎？

　　有些受害者寧可不面對事實，也不願處理這些問題。假若你有這些憂慮，別讓它們阻撓你面對發生在你身上的事實。你值得知道真相。知道真相，你才會真正地得到解放。認清真相，你才能擺脫折磨人的羞恥、打破循環，因而你才不會用自己曾被錯待的方式對待你所愛的人。

　　持續面對真相是無比痛苦的，你很可能會進進出出否認的狀態好幾回。接受你最愛也應當要愛你的人會忽視你或虐待你這個事實，需要時間和勇氣。處理受虐、被忽視、遭到背叛、被遺棄和被拒絕等兒時及今日依然感受到的痛苦，也需要力氣和時間。給自己時間，讓自己變得足夠強壯去面對必須面對的；部署你所需的支持系統，好讓你在情緒上脫離加害你的人時不會覺得孤單。當你在「真相是什麼」的問題上躊躇猶豫時，要對自己有耐心。

施虐者的特質

　　會施虐的人具有一些可預料的特質、態度和行為模式，知曉這些模式可以幫助你接受：受虐的事不該怪你。這些特質和行為大部分都源起於施虐者在童年也受過情緒、身體上的虐待，或是性侵。（請注意：這些特質用來描述會在情緒

或身體上施虐的人最精準，會性侵的人則不見得有這些特質。）若童年時的你（或即使是成人的你）曾在情緒上或身體上遭受虐待，看看你是否能從施虐者身上指認出這些特質。

會施虐的人通常有這些特質：

● 在童年時期曾遭受情緒、身體上的虐待或性侵，或者遺棄。
● 把自己的問題怪到別人身上的傾向。
● 有強烈的控制慾，害怕失控，或者需要權力和控制權。
● 很難同理別人（或無法同理別人）。
● 不能尊重人際之間的界線，甚至會強迫性地侵犯人際界線。
● 不講理的傾向，或者對小孩、另一半和感情關係有不合理的期待。
● 壓抑憤怒。
● 控制不住脾氣或容易勃然大怒。
● 在情緒上需求過多或要求過嚴的傾向，依賴型人格。
● 難以控制衝動。
● 強烈地害怕被拋棄。
● 高度壓力和高度容易激動。
● 因應技巧不良。
● 自私和自戀。
● 有虐待人的歷史（肢體、言語暴力或性侵），不管是成年後或童年年紀稍長時。

施虐者具有共通的模式或特質，意味著：**加害於你的人會變成加害者不是你造成的**。不可能是你造成的。在你出生之前，或遇見你之前，他們已經有施虐傾向。他們不是因為

你很倔強、因為你不聽話、因為你會頂嘴、因為你很難管教，才在情緒上或身體上虐待你的。他們會虐待你，是因為他們天生的情緒特質和成長背景使然，而身不由己。這些人就像定時炸彈，隨時等著引爆。你只不過是在他們引爆時湊巧在他們周遭而已。

施虐者的信念

除了共通的成長背景和人格特質，會在情緒或身體上施虐的人，也對自己和他人抱持著某些信念，這造就了他們的施虐傾向。這些信念為關係定了調，而且本質上是凌虐性的，這些信念包括：

- 施虐者永遠是對的。
- 錯的永遠是別人。
- 自己的需求比他人的需求來得重要。
- 自己有權力要求別人聽命行事，如果對方不依，他就是敵人。
- 自己比大多數人都來得優異，或至少也要高人一等——更聰明、更有能力、更有權力——因此自己值得特殊待遇或考量。
- 別人的感受不重要。
- 會對自己的行為不滿的人，不是太過敏感就是要求太多。
- 沒有人能信賴，別人會經常跟自己作對。

同樣的，如果你的父母（或你的另一半）持有很多上述的信念，他就有**虐待的性格**（abusive personality）。這意味著，這個人在他大多數的關係裡都據有虐待性，尤其是當他掌握所有權力時——就像親子之間的關係。

知道了有所謂的虐待性格這回事，以及這種性格的大致樣貌，有助於你看清要對虐待兒童這件事負責的只有一個人，就是施虐的那個人。這絕不是孩子的錯。別再為受虐而責怪自己——這不是你的錯，無論情況為何。小孩絕對無法讓虐待具有正當性。

原諒自己遭到性侵

　　童年被性侵的受害者，通常會因為性侵事件而感到莫大的羞恥，這樣的羞恥會讓她們做出自我摧殘的行為，譬如暴飲暴食虐待身體、酗酒、嗑藥、吸菸成癮、自殘行為、容易發生意外、破壞自己的成就，或誘使他人責罰自己。你的羞恥感可能會使你執拗地抓著自己的問題和痛苦不放，因為它會帶來你自認應得的處罰。你可能以一次又一次的壞戀情，或一個接一個的病痛來度過你的人生。

　　儘管你理智上知道被性侵不是你的錯，但在內心深處，你很可能因為自己牽扯其中而無法自我原諒。舉例來說，你可能責怪自己太順從或太消極，沒有奮力把那人推開；你也可能責怪自己沒有對人吐露實情；又或者，你因為自己的身體對侵害者的撫摸有反應而感到可恥。

要記得你當時只是個孩子

　　很多受害者一直感到羞恥和自責，這是因為他們認為自己「同意」被性侵。然而你能徹底了解一點很重要，那就是你不該為被性侵當時你做的任何「選擇」負責，因為那不是你在自由意志下做的選擇。在自由意志下做的選擇，是你了

解行為的後果而做的選擇，不是在被逼迫、被哄騙、被恐嚇或被威脅要滿足某人的情況下做選擇。你只是個孩子，沒有能力做這種決定。現在我們知道，即便是青少年的大腦也尚未發展完全，所以他們也不能夠做出自由、自覺的抉擇。

如果你持續提醒自己，受虐當時你不過是個孩子而已，就受虐的事情原諒自己會容易得多。受虐受害者往往會覺得，受虐時的自己比實際年齡大，這有時是因為他們從小就被賦予大人的責任，有時是因為他們的父母期待他們的為人處事像個大人，有時是因為他們已經歷盡滄桑。不過千萬別搞錯，不管你自覺多麼像個大人，當時你終究只是個孩子而已，有著孩子的心靈與身軀。

更重要的是要記得，你並沒有大人所擁有的權力。因為你只是個孩子，你拯救自己的能力有限。如果你想逃走，能逃到哪去呢？如果你希望能對人吐露，誰會相信你呢？如果你反擊了，有多大勝算可以壓制你的加害者呢？

練習：提醒自己，當時仍是小孩的你有多麼無能為力

1. 下次當你的周遭出現和你受虐當時年紀相仿的孩子時，仔細地看看他們。挑一個和當時的你同樣年紀的孩子，仔細地觀察他。
2. 注意看這個孩子和他周遭的大人相比有多麼幼小。
3. 想想看，他有多麼容易被大人或年紀大一點的孩子制伏，或者要從他們身邊逃離有多麼困難。
4. 想想看，這孩子有多麼依賴他身邊的大人。舉例來說，這孩子也許看起來很獨立，但他需要父母或照顧者提供他溫飽、載他到每個地方。

以下是我的個案萊恩進行這項練習時觀察到的：

「我看著一個大約九歲的小男孩，他和年紀比他大的孩子在一起，表現得一副很難纏的樣子，他母親在購物中心裡和另一個女人講話。他對那些大孩子大聲叫囂，我聽到他吹噓說自己有多麼強壯、他練過空手道等等。突然間，其中一名大孩子擒住他的手臂，從後方架住他，他使勁地掙扎，用盡力氣要掙脫，但還是沒辦法。霎那間，他看起來是那麼小又那麼無助。

「這一幕對我來說簡直是當頭棒喝。我九歲的時候也一副硬漢的樣子，天不怕地不怕，以為沒人傷得了我，但那只是幻覺。我畢竟沒那麼強悍，我打不過性騷擾我的人。我太弱小了。這麼久以來我一直蒙騙自己說，如果我要的話我可以反抗他。可是其實我壓根沒機會反抗。」

原諒自己回到加害者身邊

即使你終究了解到，你當時不過是個孩子，受虐不是你造成的也不是你**選擇**的，你可能還是會拿受虐的其他面向自責，譬如你一直回到加害者身邊。倘若如此，想想受虐當時你的處境。你是因為孤單才回到加害者身邊？還是這個人把很多的注意力放在你身上？他有給你糖果吃、讓你玩電玩？再次記住，你當時只不過是個孩子，你無法為小時候所做的選擇負責，因為你沒有大到可以想清楚、做出理性的判斷或永遠都做得對，就算是從照顧自己的角度來看也一樣。對於孩子來說，得到注意力可能比什麼都重要，所以可能會逗留在騷擾者身邊，讓自己陷入險境。況且你無從得知，加害者會對你的心靈造成多深的傷害。

原諒自己回到加害者身邊。原諒自己小時候因為受虐而做的所有事情，譬如在受虐發生後開始說謊或偷竊、和其

小孩發生性關係、把其他小孩牽扯進來，或是傷害你的寵物。你當時既受傷又憤怒，內心充滿了羞恥感。因為無法對加害者表達憤怒，你很可能把憤怒發洩到比你弱小的人身上——因為你恨自己弱小無助，所以你也會憎恨其他同樣弱小的人。用以下的活動來練習你需要又值得的自我寬恕。

練習：原諒自己被性侵

1. 列出你因為被性侵而感到羞恥或自責的每件事。譬如：
   - 我對於沒有說「不」而感到羞恥。
   - 由於我沒有把實情說出來，結果他繼續去性侵其他小孩，我感到羞愧。
   - 對於激起侵害者的性欲，我感到羞恥。
   - 我覺得羞恥，因為我把其他男孩帶到性侵我的人家中。
   - 我很自責，因為我知道我哥性騷擾我妹，但我沒有保護她。
2. 針對你列的每一項，寫出你現在認為自己何以如此的理由，至少寫三個理由。例如：
   - 我沒有說「不」是因為我很害怕。
   - 我沒有說「不」是因為我以為我必須在乎他。
   - 我沒有說「不」是因為我真的不知道他在做什麼。
3. 針對你列的每一項，完成下列的句子。
   我不需對＿＿＿＿＿＿負責，因為＿＿＿＿＿＿。
   例如：
   - 我不須對「沒有說不」負責，因為我只是個孩子，我以為大人說該怎麼做我就要怎麼做。
   - 我不須對「沒有把事情說出來」負責，因為我怕說出來他會殺了我。
4. 針對你列的每一項，完成下列的句子：我原諒自己＿＿＿＿＿＿。
   例如：
   - 我原諒自己沒有說不。
   - 我原諒自己沒有把事情說出來。
5. 針對你列的每一項完成以上的句子之後，回頭把每一句大聲唸出來，並且真的聽進去。

原諒你的身體

假使你被性侵，你的身體也許對撫摸有回應，不管你心裡多抗拒或多厭惡。有些受害者還體驗到高潮，即使他們深受創傷、憎恨侵害者，或者嚇壞了。這種經驗會讓你覺得你的身體背叛你，有時候非常難以原諒。小孩不懂得，自己的身體會在自己不同意的情況下起反應，甚或是會有這樣的反應。你可能會認為，自己大概很想要這種性行為，不然你的身體怎麼會感到愉悅？此外，侵害你的人很可能會利用你身體有反應這一點，要你相信你真的很樂意。

儘管說來古怪，但你要原諒自己的身體有反應。尤其重要的是，要原諒與性行為直接相關的，以及你感到愉悅的身體部位。舉例來說，原諒你摸他陰莖的手，原諒你對他的撫摸起反應的乳房，原諒你被挑動的性器官。很多受害者因為侵害者撫摸過自己的性器官，而憎恨自己的性器官。

你很無辜，你的身體也一樣。停止懲罰和憎恨你的身體，它只是做出被迫的反應——對刺激起反應、對撫摸有回應、在被撫摸時讓你感到舒服。停止憎恨它，因為它處於非常健康正常的生理狀態。你的身體沒有背叛你，它只不過是被侵害者所操縱，就像你其餘的部分一樣。

自我療癒的儀式，會帶給你重生、淨化和洗滌的感受。以下的練習，有助於你有效地原諒自己的身體。

練習：原諒並洗滌你的身體

1. 針對涉及性侵的身體部位，或你覺得背叛你的身體部位，完成以下的句子：「我原諒你，＿＿＿＿＿＿，因為＿＿＿＿＿＿。」

2. 泡熱水澡或按摩浴缸。想像被性侵的殘留，尤其是你的羞恥和自責，盡數從皮膚上被沖洗乾淨。想像羞恥和穢物從你的生殖器、乳房、嘴巴、肛門、你身體上被侵害者「汙染」過的任何部位流出。
3. 現在，想像把同情和慈愛的能量灌注到你的身體**之內**，想像你的身體轉變成健全、潔淨、沒有羞恥的身體。從浴缸起身，感受自己裡裡外外都潔淨無瑕。

原諒你自己對別人造成傷害

在療癒羞恥感的過程中，原諒自己對別人造成傷害可能是最難的一件事。事實上，這或許是你這輩子做過最難的事，假使你以自己被虐待的方式傷害另一個人、重複了虐待的循環，更是格外困難。

舉例來說，倘若你虐待了孩子，你可能無法自我原諒。畢竟你親身體驗過受虐會對孩子造成多大的傷害。你也親身體驗過伴隨受虐而來的羞恥會毀了一個人的一生。以下幾個是我的個案與我分享的關於羞恥的例子。

● 「我怎麼會像我自己被虐待那樣虐待我的孩子？我知道被父親痛打一頓有多悲慘，我竟然轉身對自己的孩子做同樣的事。真是無可饒恕。」
● 「我對自己發誓，絕不用我被對待的方式對待孩子。怎料我媽罵過我的話竟然從我嘴裡冒出來，我自己也嚇壞了。那些字眼很恐怖、羞辱又損人：『我恨你，真希望我沒把你生下來。』對這世上我最愛的人說出這樣恐怖的話，我要怎麼原諒自己？」
● 「我覺得自己禽獸不如。我性騷擾自己的女兒，我羞恥至

極、羞恥到我無法形容。我對她做了最糟的事,我簡直毀了她一生。她一定覺得我背叛了她。她一定恨死我了,我不怪她。」

原諒自己對他人造成傷害看似很困難,但好消息是有幾個有效的方式可以著手開始,我將在接下來的篇幅裡概述。這些方式包括:(1)加深對自己的了解,(2)認知有普遍的人性存在,(3)一步步博取對自己的寬恕,以及(4)請求更高權威給予寬恕。

當你讀到更多關於這每一個做法的說明,想想哪些最能切中你的需要——最能與你和你的狀況起共鳴。

自我理解會帶來自我寬恕

在上一章我們花了很多篇幅,幫助你理解屬於受虐後遺症的一些行為與症狀。如果你持續提醒自己,**就你小時候所受的苦來看,你會重複虐待的循環是可以理解的**,你將會為自己的行為負起責任,而不是更加地令自己蒙羞。既然你進一步了解到自己為何會有某些作為,你更可能有意願原諒自己的負面作為和行徑。了解到創傷在你身上所造成的問題並非你所能控制的,對於你原諒自己造成別人的傷害大有幫助。舉例來說,能夠了解你的上癮症——不管是在酒精、藥物、性、食物、購物或賭博方面——是你試圖自我治癒和應付焦慮及恐懼的方式,可以幫助你停止因為上癮症傷害了親近你的人而痛批自己。了解到你會對孩子或另一半施虐,或容許別人對你施虐,都是直接肇因於你的受虐經驗,這份理解也會幫助你停止斥責自己。

理解你會疏忽孩子或虐待孩子的原因

創傷（譬如童年受虐）的長期後座力，會在承受壓力、處在新環境，或處在讓人聯想起創傷情境的情況下，變得最明顯而強大。很遺憾的，童年受虐過的人當上父母之後一定會遇上這三種情況。第一次為人父母的壓力尤其大，而且幾乎總會觸發童年的創傷記憶。這會為童年虐待埋下不利因素。

此外令人難過的事實是，童年受虐或被忽視的人，當了父母之後會虐待或忽視孩子的可能性，比沒有這些經歷的人要來得大。除了在這一章前面所列的特質，還有其他一些特質會讓你有虐待孩子或忽視孩子的傾向。這些特質包括：無法以同情心對待孩子、太過於把別人的言行看成是針對自己（使得你會對孩子的行為過度反應）、因為缺乏自信而花了過多心思要求孩子體面（而且要求自己當個體面的父母親），以及堅持你的孩子要「在乎」或尊重你，以彌補你的羞恥感或缺乏自信。

還有另一個不常被討論的原因會造成父母施虐，那就是父母在孩子身上看見自己的軟弱或弱點。有創傷歷史的人可能會憎恨或鄙視弱點。如果你在孩子身上看到自己的弱點，你很可能會聯想到自己的脆弱和傷痛，這會點燃你的自我厭惡，使得你痛斥孩子。

了解成為好父母的關鍵技巧

雖然沒有所謂的「好父母」人格，但還是有一些人格特質是大多數好父母共有的：有耐心、有彈性、有挫折忍受力、長時間把自己擺在一旁而不會怨懟。遺憾的是，童年受虐或被忽視的人往往欠缺這些人格特質，因為他們沒有好的榜樣，也因為他們所經歷的創傷在他們人格發展過程裡造就了這些缺陷。

成為好父母需要的其他特質，還包括：

● 與孩子有情緒上的連結
● 以正面的方式處理壓力
● 為你的負面情緒找到適當的出口
● 倚靠你生活中的成人來滿足你的需要，而不是期待你的孩子來滿足你
● 對孩子持有合理的期待
● 無條件地愛你的孩子（即使你不喜歡他們的某些行為）
● 願意奉獻大量的時間和精力來照顧孩子的需求，不會把脾氣發到孩子身上或讓孩子有罪惡感
● 保護你的孩子

　　同樣的，曾經受虐或被忽視的經驗，可能會阻礙你發展這些特質。比如說，如果你的母親和你沒有情緒上的連結，你可能也無法或是比較難以和自己的孩子產生情緒上的連結；如果你的父母巴望你來滿足應由其他大人來滿足的需求，你也可能會複製這個模式；假如你的母親沒有保護你不受加害者的侵害，那麼你很可能也沒辦法保護你的孩子。

　　原諒你自己吧。你當時懵懵懂懂搞不清楚狀況。你得不到必需的引導。你已經盡全力了。

認同共通的人性存在，對自己慈悲

　　克莉絲汀·聶夫所建構的自我慈悲，把認知到人類有共通的經驗——她的用語是「共通的人性」，列為自我慈悲的第二要素。聶夫將之描述為覺察到「犯錯是人之常情，錯誤的抉擇和懊悔在所難免」（2011）。

事實是，世上的每個人都曾傷害過另一個人，而被傷害的人在這一生都因此受到影響。瞭解這一點、知道從這方面來看你並不孤單，能幫助你對自己慈悲並自我原諒。對自己慈悲，不代表你不需為自己的行為負起責任（這部份我們將在這一章後面討論），但它可以讓你從阻撓你原諒自己的自我憎惡中解脫，讓你明確地回應所處情境。慈悲看待你所受的苦和你所傷害的人所受的苦，可以幫助你清楚地思考要如何幫助你所傷害的人（同樣的我們將在這一章後面討論），而不是用罪疚和羞愧折磨自己。

　　承認生命相互連結的本質，是從另一面向來認同有共通的人性存在。事實上，我們是怎樣的人、如何思考、如何作為，都和另一些人與事密不可分地交織在一起。換句話說，你不是獨自變成目前的模樣，你會持續受害或有施虐的傾向，這都不會無緣無故發生。你一定要繼續找出讓你產生這些不健康行為模式的肇因和情況。

　　當你檢視自己的錯誤和失敗，而且是帶著想要真正了解自己的眼光去檢視，你會清楚看到，你不是在有意識的抉擇之下做出那些錯誤，而且就算在罕見的情況下你是有意識地做出抉擇，你的動機也被你受虐的經驗所影響。因為你所背負的羞恥感，你對他人關閉心扉，對於自己的行為如何傷害到他人視而不見。外在的狀況也會讓你形成特殊的行為模式，這些狀況包括遺傳、家庭經驗（包括你父母之間如何互動，以及他們和你如何互動），以及經濟地位、家族歷史和文化背景等生活狀況。

　　就如克莉絲汀・聶夫寫道：「當我們認知到，自己是無數因素作用下的產物，就不需要太過在意『個人的失敗』……深入理解相互關連性，有助於我們用慈悲心來看待一個事實，那就是在命運的撥弄下，我們已經盡了全力。」（2011）

練習：你的罪過與疏失

1. 列出你傷害過的人，以及你如何傷害他們。

2. 針對你所列的每一項，寫下你如此作為或不作為的肇因和情況。你已經找到你的傷害行徑和你曾受虐或被忽略的事實之間的關聯。現在想想其他的因素，譬如暴力或上癮的家族史，以及更幽微的因素，像是經濟壓力或婚姻問題。

3. 現在想想看，你為何沒有停止傷害人的行為，而你明知這只會讓事情每況愈下。比方說，你是否內心充滿憤怒，控制不了自己？你是否憎恨自己太深，以致於你不在乎自己傷害他人多深？你是否築了一道自我防衛的高牆，因而對你所傷害的人沒有同理心也沒有同情心？

4. 一旦你感覺到自己更加了解會如此作為的肇因和情況，看看你是否能夠把「共通的人性」這概念套用到你身上。也就是說，承認自己是個不完美、會犯錯的人；而且人難免會做出傷害別人的事，你也一樣。尊重「人」本來就是不完美的這個侷限。對自己慈悲，對自己寬容。

博得寬恕

　　如果你持續發現自己還是抗拒著寬恕自己，問問自己這個問題：「我為什麼不願意原諒自己？」既然你拿起了這本關於消除羞恥感的書來讀，為什麼還抗拒這最重要的一步？如果你的答案是「我不配得到寬恕」，那麼提醒自己，這句話是發自你的羞愧。若你還是覺得自己**不配**得到寬恕，也許你是認為你需要**博得**它。以下是你可以努力博得寬恕的幾個步驟。

負起責任

　　你要如何博得寬恕？首先，你要對自己和他人承認你犯下了錯誤。除非你和盤托出，把你如何傷害別人的實情說出來，先是對自己說，繼而再對你傷害過的那個人或那些人（如果可能的話）說，你才會相信你值得被原諒。（順帶一提，他們可能不願意原諒你。）

　　老是想著自己的錯誤沒有任何好處，對於你傷害過的人也是。當你為自己的行為負起責任，一時之間你可能會感到羞愧得無地自容，但沒多久，你對自己的尊重與真心的自豪就會取代羞愧。

　　進行這個歷程之前，先花一些時間認真地想一想，你的作為或不作為如何傷害那個人。完成以下的句子很有幫助：「我做了＿＿＿＿＿＿傷害了＿＿＿＿＿＿。」或「我讓＿＿＿＿＿＿受苦受罪，因為＿＿＿＿＿＿。」寫下你的作為或不作為傷害這個人的所有方式。

　　下一步是與你所傷害的人見面，承認你做了什麼而傷害到他們。被你傷害的人有權利生氣，了解這一點很重要；而且你要容許他們——在某些情況下還要鼓勵他們——當著你的面直接表達憤怒。負起責任可能還包括對他人，譬如家人，承認你如何虐待或忽視受害者。無論如何要確認一點，就是在這過程裡不能容許任何人口出惡言羞辱你。

道歉

　　承認你的作為傷害了某人，若是伴隨衷心誠懇的道歉，威力加倍。我從童年受虐者的口中最常聽到的一句話，是他們希望侵犯者願意承認所作所為，而且為此親口道歉。想想你被人錯待的某次經驗，如果你要原諒他，你希望那個人怎麼做？大多數人會希望聽到對方道歉。為什麼呢？我們要聽

到的不只是「我很抱歉」這幾個字，我們希望做錯事的人為他的行為負起責任，我們想知道，這個做錯事的人因為傷害了我們而感到懊悔或自責。

　　道歉可以讓最感懊悔的人脫下罩在身上的羞愧。從另一方面來說，如果你錯待他人但沒有感到太多羞愧，道歉有助於提醒你自己你所造成的傷害。向某人道歉這舉動，通常會讓人感到羞恥或卑微。下回你就快要做出傷人的舉動時，想想這羞恥或卑微的感覺，也許它可以拉你一把，免得你做錯事。

　　當我們有勇氣承認自己做錯了、能夠化解對於道歉的恐懼和抗拒時，內心深處將會湧現出一股對自己的敬意。這股對自已的敬意會提升我們的自尊心、自信心以及對人生的整體展望。當我向你道歉，我就是在對你表示我尊重你，在乎你的感受。我讓你知道我不是有心要傷害你，而且將來我會公平地對待你。如果你為了虐待或忽視孩子而向他道歉，即使那孩子已經是個大人，你的道歉不僅確證了他的遭遇，也幫助他停止為了受虐而自責。

如何有意義地道歉

　　想要有意義地道歉，我認為要做到三個 R：**懊悔**（regret）、**責任**（responsibility）和**彌補**（remedy）。這種道歉要包含：

　　為造成對方的不便、傷害或損傷表達**懊悔**。包括向對方表現同理心，表示你的作為或不作為如何傷害了他。

　　為你的行為承擔**責任**。道歉要做到位，一定要清楚表示，你為你的作為或不作為負起全部責任。這意謂著不怪罪任何人也不找任何藉口。

　　表達你願意採取某些行動來**彌補**過錯。你無法改變過

去，只能盡全力修補你造成的傷害。因此有意義的道歉必須聲明你會進行某種補救，譬如提供對方協助、承諾你會採取行動以免重蹈覆轍。若發生的是情緒或身體上的虐待，你可以加入治療或支持團體，確保自己不會再對任何人施虐。你也可以提議要為受害者支付治療費用，或捐錢給協助受虐受害者的機構或當義工。

若想進一步了解有意義的道歉，請參考我的另一本書《道歉的力量》（*The Power of Apology*、2001）。

請求更高的權威寬恕你

我們在面對自己如何傷害別人的真相時，有時候若情況嚴重，罪惡感和羞愧感會巨大到讓人難以招架。我們尋求自我慈悲和自我寬恕的唯一方法，往往是向比個別自我更宏大的存有求援。

不論你的宗教信仰或精神信仰為何，請求更高權威賜予你慰藉、慈悲和寬恕，將會是你自我原諒的一大助力。這過程也許簡單到僅需向神禱告，請祂寬恕你的罪過，也可能牽涉更複雜的儀式。舉例來說，到天主教教堂告解，基本上是向神道歉。它包含了道歉的所有重要元素——表達懊悔、為自己的行為承擔責任、承諾不重蹈覆轍，以及請求寬恕。在猶太傳統裡，在聖潔日期間（High Holy Days），向家人、親友、鄰居和同事尋求原諒一直是歷史悠久的習俗。

你也可以在自我寬恕的歷程裡，向更高的權威禱告求助。我的很多個案都說，這麼做之後真的很有幫助。

如果你從錯誤中得到教訓並真心改過，那麼你就不需要感到罪惡或羞愧。原諒你自己，讓它過去吧。批評審判自

己，會讓自己消沉，剝奪我們的信心和改變的動力，也讓我們失去從錯誤中學習的機會。這會助長別人對我們的批判、讓自己陷在負面情境裡，並讓周遭充滿負面的人，令我們難以自拔。

如果你仍然被沉重的罪惡感或羞愧感壓著，理解並記住一點很重要：寬恕自己最有效的方法，就是下定決心不再重蹈覆轍。

為自我傷害而原諒自己

和原諒自己對別人的傷害同等重要的，是原諒自己對自己的傷害。這傷害有時候很明顯，像是過度飲酒、嗑藥、抽菸或飲食；吃不健康的食物、暴食又催吐、自殘、從事不安全性行為或雜交等傷害身體的事。原諒自己做出這類的事。你不愛、不尊重自己的身體，是因為你背負著沉重的羞恥。你討厭你的身體，因為它是痛苦和恥辱的來源。你讓身體挨餓，因為當你還是孩子時，你缺乏愛、養育和適當的照顧。你攻擊你的身體，因為其他人也攻擊它，而你覺得這是它應受的待遇。你糟蹋身體，因為在你成長過程中沒有人愛護過它。原諒自己吧。

原諒你做的那些損害你的精神、自我形象和品德的事。譬如說，原諒自己太揮霍或偷竊、因賭博而輸掉家中的房產、從事性交易、與已婚的人有染、和你鄙視的人發生性關係、和令你討厭或反感的人發生性關係。

比起你對身體或自我形象所造成的明顯傷害，你對自己造成的損害往往更幽微。在本書裡我們談過一些這類的事，譬如把愛你的人推開、不相信自己、對自己太嚴苛、對自己

設下不近情理的期待。你也需要自我原諒做的這些事。當時你搞不清楚狀況，你已經盡全力，你只是做你被教導去做的事。你把人推開，是因為你很怕信賴別人，因為你認定自己不值得被愛。你不相信自己，是因為在成長過程中沒有人相信過你。你對自己太嚴苛，是因為你的父母或其他照顧者對你太挑剔，而且對你有不合理的期待。原諒自己吧。

你也要原諒自己以更幽微的方式傷害自己。原諒自己時常被別人和自己誤解。你被誤解是因為，你和他人之間隔著層層疊疊的羞恥。那層層疊疊的羞恥把你隱藏起來，讓你不能做自己，不能說心裡想說的話、做真正想做的事；層層疊疊的羞恥讓你表裡不一；層層疊疊的羞恥讓你言不由衷。原諒自己被誤解。你最不想要的就是被誤解。你想要別人認識真正的你，接受你本來的模樣。你想要自己的感受和感知被確證。你想要被看見、被聆聽。原諒自己不曉得如何向世人顯現真實的你，原諒自己不曉得如何表達自己，好讓他人了解真正的你。

練習：原諒自己的一封信

1. 寫一封信，請自己原諒你對自己造成的所有傷害，包括你如何忽視身體，如何像父母或施虐者那樣對待自己。對自己過於嚴苛、把關心你的人推開、做出令人誤解的事等等，也要被納進來。
2. 別期待自己一口氣寫完這封信。你也許要花上幾天甚或幾星期才能完成。慢慢來，仔細回想你對自己的所有傷害。
3. 寫這封信的時候，用上你全部的自我慈悲。如果你發覺自己又開始批判自己，就暫時擱筆，從本書關於自我慈悲的那些練習中挑一項來做，或者把書裡可以提醒你為何會有如此作為的章節再讀一遍（譬如第七章，關於理解自我的部分）。然後帶著慈悲心再回頭寫這封信。

就療癒你的羞恥而言，什麼都比不上自我寬恕那麼有效。為受虐的事原諒自己，你只是個無辜的受害者，你不該遭受這種待遇。原諒自己重演虐待的情節，因為當時你內心充滿羞恥，而就像你讀到的，羞恥會讓人做出可怕的事，無論是對自己或對別人。

第九章

自我接納

療癒自我，意謂著全心全意去做真正的自己——不管你的本性是膽小脆弱還是堅強熱情、神經質還是心理平衡、體弱多病還是身體強健、偏頗還是客觀、吝嗇還是慷慨、心眼多還是直腸子、拘謹還是豪爽。

——寶拉・岡恩・艾倫（Paula Gunn Allen）8

　　能做到自我理解和自我寬恕，自然而然就可以自我接納。一旦你慢慢了解到為何自己會有如此的作為，同時原諒自己過去的作為與不作為，你就會開始接受現在的自己。自我接納和為自己的行為找藉口是兩碼子事，也不是允許自己繼續從事負面、不健康或危險的行為。相反的，自我接納是**敞開心扉**，接納自己的缺點和錯誤。自我接納，基本上就是對自己說：「我知道自己不完美，但無論如何我都接納自己。」

　　很遺憾的，就和許多童年曾受虐的人一樣，你簡直不可能這樣看待自己，你可能傾向於極端地批判和評斷自己，期待自己表現完美或幾近完美，在自己犯錯或是沒有達到對自己不近情理的期待時，無情地苛責自己。因此，原諒自己從前犯的錯，可能會幫助你消除因童年受虐而生的折損人的羞恥感，假使你持續對自己百般挑剔、不寬恕自己，你會發現

8　美國原住民作家（1939-2008），著作類型包括詩、評論和小說。

自己的羞恥感越積越多。

　　儘管你可能有許多想要改變自己的地方，但對於目前的自己發展出一種接納的態度是很重要的，包括錯誤、弱點和缺點等等。每個人都渴望得到無條件的愛與接納，在成長過程中被嚴厲批判的人格外如此。受虐的孩子經常會接收到自己不夠好、讓爸媽失望，或自己基本上不值得愛的訊息，因此努力做到自我接納非常重要，也就是說，你要給自己從小渴望的接納。

　　在這個章節裡，我將透過自我接納的新練習，把焦點擺在改變你這輩子自認可恥的行為。要改掉令自己感到羞恥的習慣並不容易，但是你做得到。

　　本章所列的策略，將會幫助你停止對自己懷有不合理的期待、換上更合理的期待。你將學會拋開這負面心態，以耐心、仁慈、愛、寬恕、接納，以及開闊的心胸來對待自己。

　　我也將鼓勵你進行以下的練習：

● 試著停止會引起羞恥感的行為，這些行為包括批判自己或要求完美，以及拿自己跟別人比較。
● 承認人都有弱點、缺點和性格上的缺失，人都不完美。但這不代表你要放棄讓自己變得更好，而是認清「你能改變的」和「你需要去接受的」這兩者之間的差別。
● 質疑這樣的信念：隨時都要表現完美、永遠不出錯、絕不能傷人感情、絕不能打破規則。這樣的質疑非常重要的原因在於，執著於這些信念會讓你持續感到羞恥。
● 努力接納自己，儘管你還是可能犯錯或不時做出糟糕的選擇。如果你能原諒自己過去犯的錯，你就不會再為此批判自己，無論你是否出於最良善的意圖。

最後，也很重要的是，我鼓勵你回到第六章的正念練習，好讓你學習時時刻刻接納自己，而且把自我慈悲融入正念之中，停止你自我批判和嚴厲審斷自己的習慣。

你嚴厲的內在之聲

發展自我接納最重要的一步，是關掉內在的批評聲音，代之以慈愛的內在之聲。每個人內心都有批評的聲音，但是童年受虐者的內在批評之聲通常音量更大、更嚴厲。這不僅是因為你受虐過（以及隨之而來的恥辱）的緣故，也因為發生受虐事件的家庭環境通常充滿了情緒上的虐待。父母起碼有一方可能過度控制、支配或批判，因此你天天接收到負面、批判的訊息。你不是聽到父母相互斥責，就是聽到他們斥責你的手足；或者你動輒得咎，常受到無情的批判或要求。

當一個孩子經常受到批評，他不由自主地會把這些批評聽進去，彷彿父母的批判聲音變成了自己內在的聲音，這也就是**內化的父母親**一詞所指涉的。這內化的批判之聲，會和施虐的父母一樣嚴厲無情。

假使你童年曾受虐或被忽視，你內在的批評聲浪極可能日復一日地損害你的自我價值感。如果那批評聲浪相當隱伏，甚至融入了你的自我概念裡，你很少能夠看出它的破壞力。有些人會意識到自己的內在批評是一種想法或「聲音」（儘管他們不會真正聽到那聲音），但大多數人都不會察覺到它從不停歇的活動力。我們只會在遇到壓力，或羞恥感被激發的情況下，才會察覺到它。舉例來說，當你犯錯，可能會聽到內在聲音說出「你白痴呀！」或「你怎麼什麼都做不好？」這類話語。上班開會做簡報、對著一班學生講課，或

是對某團體發表演說時，你可能會聽到「你應該準備充分一點的，你要出糗了」或是「大家都會看到你有多緊張」，又或者你很想做某件事，譬如回學校念書，但你會聽到腦袋裡有聲音說：「開什麼玩笑，你又不聰明，每科都會被當掉。」或是「你哪有權利回學校念書啊？你有你該盡的義務，別那麼自私了。」

如何認出內在的批判之聲

要認出內在的批判之聲，有時候很不容易。那個批評審判的聲音，似乎是你很自然、很熟悉的一部分，那些攻擊言論聽起來很合理又公正。但是那每一句負面評斷和攻擊，無不在削弱、撕碎你對自己的好感。

你內在的批評之聲有很多角色，都反映了部分的你：

- 設定不可能達到的完美標準。
- 為小到不行的錯誤苛責自己。
- 事情出錯便責怪自己。
- 辱罵自己「很蠢」、「很醜」和「很孬」。
- 拿自己和別人比較，尤其是和別人的成就與能力比較，然後覺得自己不如人。
- 只記得自己的失敗或缺點，不記得自己的成就或長處。
- 誇大自己的弱點，對自己說「你老是把感情搞砸」、「做事情永遠虎頭蛇尾」或是「只會說蠢話」。

留意你自我批判的那些話語，你會發現，那些不是你真實的聲音。那些話語都是學來的，最可能是從你父母那裡學來的。事實上，這些標準和你真正想要、真正感受到，或你

所相信的互相抵觸。遺憾的是，即使你知道這些聲音不是你的，你也很難區分開來。你持續感覺到被身旁的人審視，害怕他們不認同、冷漠以對或拒絕你。你發現自己對他人也如此批判，那些批判和內在批評自己的聲音一模一樣。事實上很常見的情況是，情緒受虐和言語受虐的受害者挑選的另一半，都很像他們父母親的翻版，同樣都會給出負面訊息。

以下的練習，將幫助你找出你從父母那裡接收到的負面訊息。

練習：你內在的批判之聲／你的父母

1. 寫下你父母對你有何期望，或期望你回報他們什麼。他們期望你如何表現，為什麼？他們如何表達他們的期望，這又如何影響你？
2. 想想你內在的批評或審斷以那些方式表現得和你父母親一樣。你和自己的關係如何反應你和他們的關係？

病態的內在批判

心理學家尤金・薩根（Eugene Sagan）提出**病態的批判**（pathological critic）一詞，來描述苛刻攻擊自己的一種更嚴屬的內在批判。內在響亮又冗長的病態批判，對一個人的心理健康是莫大的毒害，事實上，它甚至比你曾遭受的任何創傷或剝奪所帶來的傷害更深。這是因為，你可以療癒傷痛，也可以彌補損失，但是批判會如影隨形地審斷你、責怪你，時時在你身上挑錯找碴。

內在的病態批判會鼓動你去達成難以企及的理想。它會

不停慫恿你達到那完美的形象，不讓你休息也不讓你滿意，只會讓你始終覺得自己不夠好。令人難過的事實是，不管你這輩子有多少成就、多少豐功偉業、你有多吸引人，或是你為了提升自尊下了多少功夫；但如果你內在有個強烈的批判之聲不時斥責你、處處貶損你，你會發現，要接受自己真實的模樣根本不可能。

回答以下的問題，看看你的內在批判之聲有多強烈：

- 你是不是花很多時間評估自己的表現、外觀、能力或過去的歷史？
- 你是不是對自己設定很高的標準？
- 你是不是很難達到你用來評判自己的標準？
- 你有沒有給自己可以犯錯的小小喘息空間？
- 你的深層自我感是否經常取決於你評判是非的觀念？
- 你的自我感是不是經常取決於你是否達成自己或他人的標準？
- 你是不是花很多時間擔心自己是否做錯事？
- 你是否一直被腦袋裡你無法消音的批判訊息所折磨？
- 你是不是常常拿自己和他人比較，或和他人的成就比較？
- 你是不是經常忌妒別人的成功或成就？

如果你有兩題以上回答「是」，那麼你的人生就是被你內在批判之聲所支配。

好消息是，你可以採取幾項步驟來把過於活躍的內在批判給消音。在這一節裡，我將提供你幾個方法去著手。第一步是留意你有多常播放內在批判的負面訊息，以及通常在什麼情況下播放。以下的練習很有幫助。

練習：留意你的批判訊息

1. 首先，留意你有多常聽到腦中的批判之聲。將你聽到的頻率記錄下來，可以用寫日記的方式，或者一聽到內在批判就在紙上做記錄。
2. 注意這些訊息容易在什麼時候冒出來；譬如，當你嘗試要做不一樣的事、當你完成某件事、當有人讚美你時。
3. 把你聽到的批判內容如實地記錄下來也很有幫助。這有助於你區分你聽到的是誰的聲音（也許是你的母親、父親或某個重要的照顧者），因為那措辭和口氣，很可能會讓你聯想起在成長過程中（或目前）的某個人或某幾個人對你說話的方式。

反駁你內在的批判之聲

　　儘管要讓你內在批判的聲音停下來很困難，但是你可以不要鼓勵它，也不需聽信它。

　　當你感到脆弱或被曝露，你的批判之聲就會被啟動。一旦啟動，羞愧的漩渦就會以它本身的力道開始運轉。因此，把這個內在對話披露出來、讓你意識到它，以減損它的力道，就非常重要。

　　要把你的內在批評消音的方式之一，就是反駁它。雖然本章後面會提到，對於長期消音來說更有用的策略，但有時候我們需要在當下阻斷這個聲音。就像你不會任惡霸無情的批判你或貶損你（希望如此），你也不該任內在批判一直折損你的自尊心。

　　「反駁你的內在批判」這樣的概念，會令大多數人不自在。因為你的內在批判之聲通常都來自父母——它聽起來可能就像你父母在說話——所以，反駁它就像和父母頂嘴一

樣。如果你還是很畏懼父母，這的確會是很嚇人的念頭。如果反駁的概念令你畏懼，你可以慢慢來，在自己特別勇敢或堅強的時刻再來進行。

要讓內在批判消音，以下的句子經過證實是格外有效的。挑選讓你感覺好、給你力量或令你感受到憤怒的句子。

「我不信你說的這些！」
「這樣是在害我。住嘴！」
「滾開！」
「全是廢話！」
「一派謊言！」
「這跟我媽騙我的話一模一樣。」

用慈悲來反駁你的內在批判

當你更加意識到內在的批判之聲──它的內容以及它何時會冒出來──你也可以開始用慈悲心來反駁它。

如同慈悲是羞恥的解藥，慈悲也是化解內在病態批判遺毒的最強解藥。當你用慈悲心對待自己，你內在的病態批評就會啞然無聲。

學著對自己慈悲，也會幫助你感受到自己的價值。以慈悲對待自己，你會了解自己、接受自己真實的面貌。你基本上會覺得自己是好的。若你犯錯，你會原諒自己。你會對自己有合理的期待，你會設定可以達到的目標。

下次當你聽到內在的批評之聲斥責你，你要反駁它，對自己說如下的話語：

「我已經盡力了。」

「我只是個平凡人，人都會犯錯。」

「在這種情況下，我能做到的就是這樣了。」

「我覺得這樣的自己還挺好的。」

　　這不是為自己的行為找藉口，而是慈悲地認知到，縱使我們盡全力也可能失敗。如果你用仁慈、理解又同情的方式跟自己說話，下一次你會更有動力再加把勁。

　　當我們攻擊自己，我們會刺激腦袋裡的某些神經通路，一旦學會以慈悲心對待自己、支持自己，受刺激的將是不一樣的神經通路（Gilbert and Procter, 2006）。有時候，我們太擅長激起內在的攻擊和批判，以致於可以激發內在支持與溫暖的能力變得不發達。因此，你必須在自我打擊的思路之外另闢蹊徑。當你犯錯時，你可能無法完全免於「你是那裡有問題啊？」或「你這白痴」等等的內在批判，不過你可以打造並強化一個平行且更強烈又健康的內在之聲。你會發現，隨著你健康的內在聲音益發強壯，它會更加迅速、有力又可靠地回應你的攻訐之聲。

　　我將於第十章更詳盡地說明如何打造這慈愛的內在之聲，並於第十一章繼續在這方面協助你。就目前來說，以下的練習有助於你著手打造更慈愛的內在訊息。

練習：打造慈愛的內在之聲

1. 以舒服的姿勢坐著，閉上雙眼。深呼吸幾次，做這項練習時，讓呼吸保持平穩。
2. 將你的右手放在心臟的位置。保持不動，將你的注意力和覺識導向那裡。
3. 隨著你吸氣和吐氣，想像你的心臟是一朵花，緩緩綻放。感覺你的

心充滿了光與愛。讓這份愛開始療癒你的心和過去的傷痛。

4. 想像這份愛從你的心一直擴散出去，蔓延到你體內。讓你的身體充滿光與愛。如果你發覺某些思緒冒出來令你分心，把那些思緒輕輕推開、把注意力拉回心上。

5. 慢慢帶出慈愛的內在之聲。這聲音既不嚴厲苛刻，也不過分地甜美縱容，而是愛護你、接納真實的你的溫暖仁慈之聲。這聲音遲早會變成你自己的聲音，不過就目前而言，它可以是你選擇的任何聲音：某個向來對你很好的人的聲音，或電影裡你喜愛的某個人物的聲音。如果你有宗教信仰，它也可以是你想像中的上帝、耶穌或佛陀說話的聲音。

6. 留意這慈祥和藹的聲音說些什麼。敞開心聆聽，讓自己去感受它帶來的影響和溫暖。

7. 假使你沒有聽到任何關愛的話，別沮喪。有些人就是比較難以想像和喚起自己身上關愛和仁慈的那一面。若你情況如此，下面有幾個關愛的例句，當你持續專注於將光與愛注入內心之際，可以覆述給自己聽：

   ・但願我接納現在的自己。
   ・但願我溫柔對待自己、了解自己。
   ・但願我給予自己所需的慈悲。
   ・這樣的我就是值得愛的。

8. 輕柔地覆述你慈愛的內在之聲，或是我在此提供的句子，一邊覆述一邊深呼吸。持續把愛和光注入內心，與此同時，輕撫你的臂膀或頭髮，或用手掌捧著自己的臉龐。

9. 當你準備好了，就溫和地把你的覺識帶回身處的房間。

在接下來的幾星期重複這個練習，次數越多越好。慈愛的內在之聲不會在一夜之間成形，但隨著你一次次進行這項練習，更慈愛的內在之聲會取代內在的批判之聲。內在的慈愛之聲繼而會幫助你改變你對自己的看法，以及你和自己的關係。

對自己設定更合理的期待

由於你童年被苛待的經驗，可能包含了父母對你抱持的不近情理的期待，而且在你沒能盡善盡美的時候懲罰你，因而你也同樣用這不公平又苛刻的態度對待自己。你可能對自己設下了不合理的期待和目標，要求自己永遠要做得對而且不犯錯。當你不免偶爾犯錯，或不小心行為失當，你可能覺得自己不可饒恕，就像父母當年那般嚴苛地斥責自己，或者用挨餓、讓自己喪失美好的一切，甚或自我傷害的方式懲罰自己。

如果你對自己沒有合理的期待——既不是太嚴苛也不會太寬鬆的期待，你就會經常對自己感到失望（並且啟動你內在的批判之聲），或者你根本就不會採取行動、發揮潛能。

合理的期待是指，就你過去的經歷、當今的處境，以及就現在的你而言可以達到的目標。比方說由於你曾受虐，所以你因為低自尊、強烈的內在批判和不健康的羞愧而吃足苦頭，這是**合理的**。而期待你在一夜之間就克服這些負面作用，這是**不合理**的。話說回來，透過閱讀這本書和進行書中的練習，你可以療傷止痛、慢慢地克服難關，這個期待是**合理**的。

用以下的練習來了解你對自己有哪些不合理的期待，並換上合理的目標。

練習：這樣更合理

1. 想想你目前想改變的一個行為（譬如改善親子互動技巧）。
2. 用這個句型來辨識不合理的期待，打造更合理的期待：
   由於_____，所以我_____是不合理的。

我＿＿＿＿＿＿＿＿＿＿＿＿＿＿＿＿＿＿＿是更合理的。

舉例：「由於我父母對我吹毛求疵，因此要我絕不對自己的孩子吹毛求疵是不合理的。不過比較合理的是，當我又吹毛求疵起來時，我會有自覺，並對自己和孩子承認這老毛病，然後繼續努力改善情況。」

別期待自己盡善盡美

你對自己的不合理期待，也許是期待自己要永遠值得尊敬、慷慨、有耐心、仁慈和寬恕，換句話說，要「盡善盡美」。但沒有人是盡善盡美的。人總有氣量小，或自私自利，或生氣發火的時候。如果接受這事實，我們會為自己的缺點原諒自己，我們會下決心做得更好，繼續向前走。如果我們要求自己絕不能氣量狹小、自私自利或生氣發火，一旦我們稍不完美的一面不免爆發時，就會感到挫敗。

我們常在神職人員、有深刻宗教信仰的人，以及助人專業者，例如教師、醫生、慈善工作者身上看到這種現象。你有多常聽聞神職人員被踢爆誹聞，或某個社團的負責人被踢爆盜用公款或販毒？

其實，這些公眾形象完美的人，正是最容易從天堂墜入地獄的人。人不可能撇開諸如自私、壞心眼或發怒等這些比較「不被接受」的特質，這些特質偶爾就是會冒出來。那些想要表現地盡善盡美的人往往如此，因為他們背負著太多羞恥，好像是希望藉著做善事來洗刷這輩子的罪孽。這些事是不是讓你感覺很熟悉？

很多曾在童年受虐的人都極其注重道德觀，對於是非對錯有強烈的看法。他們會堅持一絲不苟地照規則來，或者非

常關注罪愆的概念。受害者有虔誠的宗教信仰也很常見，他們會相信有個賞罰嚴明的神存在，或抱持著非常僵化的價值觀或信念。何以如此？因為他們相信，只要遵循嚴格的行為準則，就能避免受虐待的憤怒或自己的施虐傾向滲漏出去。這些人的內心可能極為矛盾，當他們的行為不符合他們的信念時，其可恥的感受會更深重。

　　身而為人，我們內在包含了形形色色的衝動和潛在的行為，但我們的父母、教養過程、社會和宗教，會強化其中一些並壓抑另一些。雖然，孩子在成長過程裡學會社會行為是很重要的，但鼓勵某些行為同時壓抑另一些，會在我們內在形塑出榮格所謂的「陰影人格」（shadow personality）。這些被拒絕的特質，並不因為受到否認而無法直接表達出來就不存在，相反地，它們持續留在我們內心深處，形成次級人格，也就是心理學家所謂的陰影。

　　當我們試圖表現完美，或者否認較為黑暗的衝動，內在就會產生陰影。像榮格所說的，不被自己承認的那些特質不會遠離，它仍舊存在於我們心裡，只是被我們趕到無意識的暗處，不被我們看見罷了──這個第二自我（alter ego）就在個人潛意識的淺層之處。那些必須排斥或壓抑自我的許多面向好讓父母或社會大眾接受的人，人格裡的陰影將會非常巨大。

接受自己的不完美

　　從認知、承認，到最終接受所謂的負面特質，會讓我們把它們從陰影處帶到光天化日之下，它們的威力將大大地被削弱，也比較不會突如其來地爆發、讓我們惹禍上身。當我們承認並接納所謂的負面特質，就比較不會被它們啃噬侵蝕，不會讓我們老愛批判自己。當我們摒棄黑白分明的思

維，我們會了解，萬一我們犯錯，不會就此變成很糟糕的人。我的個案卡洛斯就學到這一課。

卡洛斯的故事：想要被視為完美無缺

卡洛斯來找我，是因為太太離他而去，他想挽回。儘管他多年來一直在情緒上虐待她，她並不這麼想。但過去幾年，他開始在身體上對她施暴，往往就當著孩子的面。當他也開始對兒子使用暴力，她終於決定離開。

起初，卡洛斯承認事情已經「失控」。他說他尋求我的協助，是想要學習如何有效地處理憤怒的情緒。但隨著時間過去，卡洛斯開始為他的施虐行徑找藉口，怪他的妻子拒他於千里之外，說他的孩子們開始忤逆他，因為他們看見媽媽違抗爸爸就有樣學樣。如果他大發脾氣，都是因為她的作為惹出來的。他若是失去耐性、開口辱罵她，也都是因為她拒絕改變，沒有做好太太的本分。他會一遍又一遍地說：「我是個好人，我是被我太太逼成那樣的。」然後他又會忿忿然地繼續說，自己是個獲獎的學校教師，很受學生愛戴；也是某社團的負責人，熱心公益。他以恩威並施的行事風格自豪。

卡洛斯希望自己完美無缺，這需求不僅妨礙他挽回婚姻，更嚴重的是，這也妨礙了他療癒自己的施虐傾向。因為他心目中的自己必須完美無缺，所以他無法承認自己有會施虐的一面。他必須學到不完美是人的本性，人天生就有好的特質也有不好的特質，有能力做好事和做壞事。我們越是否認不好的特質，這些特質就會越強大，我們也就越沒有機會能改變它們。

陰影人格根植於羞愧。越是深刻地感覺到自己有缺陷和不值得愛，我們就越是死命地想把陰影特質隱藏起來。弔詭的是，就像卡洛斯一樣，越是想隱藏，它們就越壯大。每當

我們拒絕某部分的自己，就再確認一次自己是不被接受的。
這就像是掉進流沙，越是狂亂掙扎，就會陷得越深。

認出自己身上「好」與「不好」的特質，承認它們全都
是自己之所以成為現在的自己的一部分，有助於我們脫離被
羞愧壓垮的處境。以下的練習是很好的起點。

練習：你的「好的」和「不好的」特質

1. 列出你自認為不好的特質——你深以為恥和你想改掉的特質。
2. 列出你自認為好的特質——你深以為傲的特質。
3. 比較一下你列的這兩張清單。不好的特質是否比好的特質更多？如
   果是這樣，你可能過於嚴苛地審斷自己，或太過強調你的缺點或錯
   誤。又或者，好的特質多了非常多？如果是這樣，你很可能否認了
   自己的負面特質，因為承認這些特質會令你痛苦無比。
4. 現在要更深入地探究。寫下你自認為好的特質會在哪些情況下變成
   不好的特質。譬如說，熱心助人是個好特質，但如果做得太過頭
   而且沒照顧到自己的需求，就像很多為別人而活的人（codepen-
   dents）那樣，恐怕就變得不好了。
5. 寫下你自認為負面的特質會在哪些情況下變成正面的特質。譬如，
   對「自私」的行為的另一種說法，是懂得「照顧好自己」。

掌握你的陰影

當你開始承認自己的陰影，你就能掌握它。這牽涉到了
解你的陰影源自何處，同時藉由正念探究（mindful inquiry）
和全然接納（radical acceptance）的歷程（這些歷程稍後會加
以說明），學習真正地重視它。

探討你的陰影之起源

我們先前討論過，孩子都經歷過社會化的過程，從中學習什麼是他們所處的家庭及文化所認可和不認可的事，然而所謂不被認可的特質不會因此就不存在，它們只不過是被壓抑而已。舉例來說，假如你的父母有虔誠的宗教信仰，他們教導你婚姻之外的性是一種罪惡，你可能會壓抑你的性慾，並發現你的性慾會在意想不到的時候以很不受歡迎的方式爆發。

除了教導孩子某些行為是不被認可的，很多父母還會教孩子壓抑某些情感，使得這些情感變成陰影的一部分。小男孩跌倒受傷會聽到爸媽說：「你是大孩子了，不哭不哭。」小女孩對弟弟生氣並吼叫，會聽到爸媽說：「好女孩不會亂發脾氣。」一個活力旺盛的孩子放學後衝進家裡連珠砲似的滔滔說個不停，會聽到被惹惱的父母說：「講話別那麼激動，鎮定一點。」因此孩子會學到，情感的自然流露是不被認可的，必須加以控制才行。這往往會讓孩子否認這些情感，將之放入陰影裡。

孩子也可能被教導，他的情感是危險的。假使一個小男孩因為大膽忤逆父親而挨打，他會學到，直率地表達情感是不安全的。如果一個小女孩因為肚子不餓不吃晚飯，結果被禁足，她會學到，她的身體會出賣她。

運用以下的練習來分析，你所接受的訊息傳遞出哪些情感或行為是不被認可的。

練習：你接收的訊息

1. 列出你從父母、其他照顧者或權威人物所接收到的，鼓勵你隱藏或否認自己的某一面的所有訊息。

2. 列出你從父母或其他照顧者所接收到的，可能導致你壓抑情緒的所有訊息。

仔細想想，也許可以寫下來，否認自己的某一面以及壓抑自己的情緒，如何對你的人生造成影響。比方說，你是否從小就否認自己的憤怒，結果發現自己現在很難表達憤怒或很難泰然有自信？甚至連必需如此的時候也做不到？或者，你現在有控制脾氣方面的問題？

我的陰影如何形成

在我的成長過程中，我母親經常告訴我一件事。有一天，她把我送到褓姆家，一如往常的告誡我：「你要乖乖聽瓊斯太太的話。」我馬上跟她說：「我必須乖乖聽瓊斯太太的話，我必須乖乖聽妳的話，我必須乖乖聽老師的話，我上教堂也要乖乖的，我什麼時候可以不乖？」

我媽說起這件事總會大笑，因為她喜歡我早熟。但我認為她並不真的懂得我想要說的——要當乖小孩，讓我覺得壓力很大。

我的陰影是我母親執意要我時時刻刻表現「乖巧」所形成的。因為我不被容許有絲毫的「不乖」（也就是說，我不能煩她、不能提出要求、不能大聲說話、不能為所欲為、不能自私自利、不能要求別人關注等等），我學會表現得像「乖女孩」，壓抑我的憤怒，時時要取悅母親（和其他人）。但是我也時時背負巨大的羞愧，因為我知道我不像外表假裝的那麼乖巧。而且，不能真正做自己，讓我感到憤怒。當我思索起「時時刻刻要當個乖女孩」的訊息如何影響我的生活時，我發覺我一直覺得自己是個騙子，而且經常不相信我值得遇上什麼好事。年少時內心的憤怒，讓我藐視法律、反抗權威、違背社會常規，年紀輕輕就偷竊、吸菸和酗

酒；但我最常做的是把憤怒轉向內在，透過飲食過量、破壞我自認不配得到的好事，以及自我厭惡，把憤怒發洩到自己身上。

尊重你的陰影

我們不僅要承認陰影的存在，而且要尊重它，把它安置於內心——歡迎它回家。如果我們不這麼做，始終會是殘缺的。榮格敦促我們去擁抱沒那麼令人滿意的特質、衝動和慾望，停止尋求自身的完美，而是尋求**完整**（wholeness）。無須試圖去除我們內在固有的雜質，而是擁抱自身的真實：破碎、奧祕和蓬勃的生機。

下次當你傷害了某人或自己——也就是說，你面對著自身的黑暗面——不要被羞愧給壓垮，試著以更慈愛友善的眼光看待自己。以同情心對待自己，畢竟你在受苦。何不把同情心用到自己身上，縱使那些苦是你自己造成的？

雖然你還是要為闖禍負起全責，但你不要陷在自責和羞愧的泥淖中無法自拔，而是要帶著好奇心看待所處的情境。舉例來說，如果你做了一件完全違反你個性的事，譬如說和同事外遇，問問自己：「我強烈地認為要忠於婚姻，我竟會如此失控地做出違反信念的事，我倒底是怎麼了？我會違反自己的原則，背後的動機是什麼？」如此誠實而好奇地捫心自問，無疑會帶來答案——能夠真正改變你的行為的答案。

以下的練習以被稱為「正念探究」的修習為基礎。下次你做出令自己沮喪的行為，譬如怒罵孩子或對另一半不耐煩，試試以下的練習。

練習：正念探究

1. 靜默地坐著，深呼吸幾下。問問自己：「我現在需要什麼？」或「我內心哪個部分最需要關注？」或「哪個部分需要被接納？」這會幫助你放下自我審斷，與你的情緒連結。

2. 留意身體裡有何動靜。胃部的肌肉緊縮？身體其他部分緊繃？倘若如此，問問自己，身體如此緊繃是因為感受到什麼情緒。你也許感到恐懼：怕失敗、怕自己不是好父母、怕另一半挑剔你或拋棄你。

3. 當你把注意力放在恐懼的情緒上時，留意恐懼如何降低，以及自我審斷如何隨之降低。

4. 現在把慈悲心加進來。對恐懼（或痛苦、憤怒、羞恥）的情緒發送訊息，譬如「我關心這種苦楚」或「我關心這種感受」。與你的感受同在，就像你會跟受苦的好友坐在一起一樣。重複「我關心這種苦楚」或「我關心這種感受」這些話幾次。

　　上述的練習所展示的自我接納態度，會讓在你把內在的驚恐和脆弱攤開來時感到安全。納入慈悲心的正念練習，將會幫助你停止尋求自身的完美，學習愛自己、讓自己變得完整。一如塔拉・布萊克（Tara Brach）在她《全然接受這樣的我》（Radical Acceptance, 2003）這本很棒的書裡所說的，「從培養一種無條件接納的態度當中，我們不再與自己交戰，不再把具有野性和不完美的自己禁錮在審斷和不信任的牢籠裡。相反的，我們會慢慢發現能夠真正做自己和充分活著的自由。」

　　布萊克所描述的「全然接受」的概念說的是，本然的你──包括缺點及所有一切──已經很完美。你不需要努力把自己變得更好；你已經很棒了。就像好的父母疼愛、接納孩子本來的面貌，你也要努力去愛和接納本來的自己。

> **練習：全然接納**
>
> 1. 列出你的缺點：你對自己感到羞恥的地方；你一直努力去改變的地方。
> 2. 把每個缺點大聲唸出來，然後對自己說：「但願我疼愛和接納本然的自己。」每說一次便深呼吸一下，把自己說的話真正聽進去。
>
> 就像你小時候渴望有歸屬感、渴望被接納一樣，努力讓自己相信，你的每一面都得到歸屬與接納。

在這個章節裡，我呈現了自我接納的兩大方式：(1)將你內在的批判之聲消音，同時打造更慈愛的內在之聲；以及(2)對自己設定更合理的期待，包括別再期待自己盡善盡美。這兩大方式均提供你強大而有效的方法，幫助你走上自我悅納的旅程。

最重要的是你要了解到，人人都渴望以本來的面貌被接納。大多數人終其一生汲汲營營尋求他人的確證和認可。然而事實上，假使我們自己都不接納自己，如何期待別人接納自己。況且缺乏自我悅納，我們將活在被排斥的恐懼中。

接納的反面是拒絕。如果你不接納自己，你就是暗中拒絕某部分的自己。當你否認、壓抑或隱藏某部分的自己，你就是在拒絕自己。如果你隱藏某部分的自己、掩飾真實的自己，你就限縮了自己，讓自己活得很片面。然而，你若能承認自己所有的特質和生活體驗，你會活得精采豐富，邁向完整。

第十章

自我仁慈

世上所有偉大的靈性傳統，其精髓都是仁愛，只要心存仁善，一切自循正道。不生恐懼，不起困惑。

——帕梅拉‧威爾森（Pamela Wilson）[9]

　　本書自始至終都是為了緩緩鋪陳這一章。自我仁慈乃是自我慈悲的核心。從某些方面來說這實在令人難過，因為我們要花這麼大一番準備功夫，才能讓大多數曾在童年受虐的人能準備就緒，願意開始對自己仁慈。遺憾的是，童年受虐受害者就是必須煞費力氣才會開始相信，以仁慈對待自己是值得的，更別說接受他人的仁慈。不過從好的一面來看，因為你已經下了好一番苦功，你不會在沒有能力自我仁慈的情況下走完餘生。你可以就此起步。

　　在這一章裡你會了解何謂「自我仁慈」，以及它帶來的感受為何，而在實際層面上對自己仁慈會讓你有何不同。我會幫助你找到與自己個性相符的方法，讓你開始對自己仁慈。隨著受虐的羞恥感慢慢減輕，你無疑更加敞開心將仁慈帶給自己，但我也了解，這過程對有些人來說比較困難。背負了一輩子的羞恥感、冷落、錯待和虐待，讓你很難相信自己值得被仁慈以待，更別說真正開始這麼做。縱使你很難接受這樣的概念並著手去做，但如果你願意利用這一章建議的方法並完成所有練習，你將能體驗到隨著善待自我而來的

療癒。

從某方面來說，你已經開始學習對自己仁慈，因為停止經常自我審斷和批判的舊習，以及慢慢了解和接納你的弱點和錯誤，都是自我仁慈的一部分。

相信自己值得受到仁慈對待的人，自然而然就會對自己仁慈。遺憾的是，羞恥感大概會阻撓你善待自己，就像你很難接受別人善待你一樣。你很可能也無法相信，自己值得你對所愛的人自然產生的那種耐心、溫柔和撫慰。但願你內心的羞恥感多少消散後，你會更願意相信自己值得受到仁慈的對待。你可能不曉得該如何以帶著愛的仁慈對待自己，不過只要你相信自己值得，這一章的內容會幫助你學會怎麼做。

仁慈的滋味如何？

究竟何謂仁慈？讓我們從定義仁慈開始，不過我們用的不是字典裡的定義，而是從感受的角度出發。當你想到某個仁慈的人，你會想到什麼？仁慈的樣貌是什麼？你想起什麼樣的行為？仁慈感覺起來如何？

練習：描述仁慈

1. 花幾分鐘的時間想想，你會用什麼樣的字眼描述仁慈。把這些字眼寫在一張紙上或是日記本裡。
2. 接著寫下接受別人的仁慈對待有何感受。你的身體會有什麼樣的感覺？

就我自己來說，當我想到仁慈，我會想到**溫和、有耐心、關懷、溫暖、敞開、樂意付出、毫不批評、受歡迎**的人。當我接受仁慈，感覺就像包裹著一條溫暖的毯子，或像被某人抱在懷裡一樣。我的身體感到溫暖和放鬆。

童年受虐或被忽視的人通常會很敏銳地察覺到仁慈。最特別的是，我們會銳利地察覺到仁慈的闕如。我們渴望仁慈，從他人的眼神、臉龐和內心搜尋仁慈的蹤影。當我們找到它，會深深被它觸動。

我九歲大時，頭一次感受到有人真正對我好。我們家對面住著一對老夫妻。有一次，他們一個成年的女兒從阿拉斯加來探望他們，她只待了兩星期陪伴父母，但在那段期間，她改變了我的人生。我不知道她是不是對每個人都很好，但她對我的好深深感動了我。她跟我所見過的人都不同，彷彿是真正看見我這個人。每當她注意到我在院子裡或放學回家，她會刻意走出門跟我打招呼。她對我感興趣，問我在學校過得如何、喜歡什麼、不喜歡什麼。有些日子還會邀請我到她家吃餅乾喝牛奶。在短暫停留的期間，她讓我感覺到有人真正關心我，真正期待見到我。

她離開那天送了我一條圍巾，圍巾上有著「墨西哥」這三個閃亮的大字，以及手拿斗篷的鬥牛士。我超愛這條圍巾。她告訴我，將來長大後可以到國外很多地方旅行。這條圍巾我保存了好多年，它提醒著我那位女士對我的好，以及世界上有好人存在的事實。我也記得她關於旅行的那番話，夢想著到處旅行讓我稍微可以忍受陰暗的童年。

有誰對你好過？有誰對你感興趣而且關心過你？誰讓你感覺到自己很重要？做以下的練習時，想想這個人。

定義自我仁慈

顯然，自我仁慈牽涉到給自己耐心、接納、關懷等等你用以描述仁慈的字眼，但不僅止於這些。自我仁慈還包含了對自己生出關懷和撫慰之情，這涉及容忍自己的缺陷與不足，而非對自己百般挑剔。它也包括學習一些簡單的技巧，以便在自己受苦、失敗或感到不足時給予自己支持。

克莉絲汀·聶夫（2011）說道，自我仁慈包含積極地安慰自己，就像我們對待遇到困難的好友那樣。也就是說，我們在情緒上會被自己所受的苦打動，並自問：「在這種時候我要如何關心自己、安慰自己？」

很遺憾的是，如果你沒經歷過有人對你好，通常很難學會對自己好。拿某個對你好的人當榜樣來學習，會很有幫助。

練習：對自己好

1. 想想你認識的人當中最善良、最有同情心的那位——某個了解你、支持你的人；他也許是老師、朋友，或朋友的父母。如果你想不出身邊有這樣的人存在，想想某個善良、有同情心的公眾人物，甚或是書中或電影裡的人物。
2. 試著找出會讓你感覺到被關心的原因：這個人說的話、他的身體動作、神情或撫觸。
3. 試著用同樣的方式對自己說話，用同樣的話語或聲調。如果這人用肢體動作安慰你，對自己做出同樣的動作。
4. 深呼吸一下，把慈愛的感覺帶到心裡。

　　我記得那位善待我的女士對我意義最重大的一個舉動，就是她每次看見我都會**熱情地迎向**我。她總是笑吟吟地讓我覺得她看到我很開心。我記得她對我說話總是口氣**溫和**，對我非常**關注**，會問一些和我有關的問題，當我答話時她很用心在聽。她的表情、點頭和給予意見，表達了她確實在聆聽我說話。她也會**確證我的感受**：當我說出我有什麼感受，她讓我知道，會有那樣的感受是可以理解的。

　　所以當我決定要以她為榜樣，學著對自己好時，我確認自己要能做到以下這幾點：

● 讓我自己感覺到我以原本的面貌受到歡迎和接納。我開始對著鏡中的自己微笑，彷彿我在對自己說「哈囉」並歡迎自己。
● 把注意力放在自己身上，對自己的感受感興趣。我每天省察自己，問問自己有什麼感受。（憤怒、悲傷、害怕、罪惡或丟臉？）然後我問自己為何會有這樣的感受？我是否

能做些什麼以正視這些感受？（我將在本章後面討論這個部分）

● 讓我自己感到被愛、被接納。我練習用慈愛、接納的口吻對自己說話，而不是從前那種百般挑剔的口氣（稍後也會有更多的說明）。

● 確證自己。我會告訴自己：「我會有這樣的感覺是可以理解的」，藉此確證自己的感受。

● 想想你可以如何複製對你好的人的言行。想想從現在開始，你要如何以兒時想要的方式對待自己？

打造自我仁慈的練習

我將一步步帶領你打造一個自我仁慈的練習，這包括要學會做到以下這些：

● 在遇上困難時安慰自己，以同情心對待自己（自我撫慰）
● 用慈愛、接納的口吻對自己說話（正面的自我談話）
● 用愛與關懷對待自己的身體（自我關照）
● 懂得自己的需要，滿足自己的需要（自我覺察）
● 變成你自己的、慈愛又願意回應的雙親

以同情心進行自我撫慰

自我撫慰是很多孩子在成長過程中會自然學會的一件事。這過程是這樣的：孩子開始哭鬧找媽媽，有回應的媽媽會迅速回應孩子的哭鬧。她會把寶寶抱起來，用輕柔的語氣和觸摸安撫寶寶。她會搞清楚寶寶需要什麼——肚子餓了、

尿布濕了，還是單純想被抱和被安慰。這是一種有同理心的回應，會讓寶寶感到安全和篤定。從這類經驗中寶寶會深刻了解到，當他有需求時，需求會被滿足，一切會安然無恙。知道自己會得到適當的回應，而且一切都會被關照到的這個潛意識經驗，會轉化成**自我撫慰**（self-soothe）的能力。

現在讓我們想像另一種母子互動。這回當媽媽的心不在焉又不耐煩。她的寶寶很無助，立即的需求引發了他的恐懼，威脅著脆弱的自我感。媽媽無法以鎮定自信的方式回應，反倒會焦躁不耐，因而向寶寶（以非語言的方式）傳達出情況並不安全。感受不到安撫帶來的放鬆，寶寶會感到更焦慮。寶寶越沮喪，媽媽也會越沮喪，甚至連食物或乾淨的尿布也無法安撫寶寶，因為他被媽媽的回應品質嚇壞了。

假使當媽媽的經常以這種方式，或更不慈愛的方式（長時間丟下孩子不管、反應令孩子捉摸不定——當孩子哭了，她有時搭理有時不理）對待她的小孩，孩子長大後很可能無法有效的撫慰自己。當他處在有壓力或不確定的環境下，可能會感到失衡沮喪。從這些早期經驗，孩子可能會形成一種預期，覺得事情會變得**不妙**，覺得需求不會得到滿足，覺得世界不安全。對於缺乏同理心的反應，有些孩子可能天生就是更加敏感和脆弱的。

你也許有注意到，當生活出現挑戰時，你往往會體驗到巨大到簡直要失控的強烈沮喪。或者你會深深地感到無望或徒勞，強烈到要把你壓垮。倘若如此，這可能是因為你在襁褓時或蹣跚學步之際，你的需求沒有被以慈愛、安撫的方式回應。這也可能意味著，在襁褓時或蹣跚學步之際，你經驗到大量的人際混亂（譬如聽到父母爭吵）、父母的疏忽或憤怒。這些經驗會造成你內在強烈的焦慮。不過，這不代表你的需求和對於自我的撫慰永遠得不到滿足。你可以做一些功

課來修復這些缺失，對自己的身心健全發展出真正的關心，並學會去敏察、同理和容忍你的沮喪和苦惱。

慈愛的自我談話

當你發現自己處在沮喪的狀態，別讓自己變得過度擔心，或是焦慮地老想著可能發生什麼或不會發生什麼，你可以用鎮定、慈愛的口吻跟自己說話。你可以默默地在心裡跟自己說話，你如果是獨自一人，也可以大聲地對自己說話。首先，想想最善意的話——你最需要聽到的話。以下是我的個案對自己說的一些善意的話：

「我很難過你受傷了，你不該受到如此的傷害。」

「我知道你很累，壓力也很大。你一直很努力……再過不久你就會完成了，到時你就可以休息了。」

走入內心

在上一章談論自我接納時，我們開啟了幫助你打造慈愛的內在聲音這個歷程。從**走入內心**著手，把你所有的注意力集中在內在自我和情緒中心（feeling center），從生理上來說，它通常位於臍輪附近。重要的是，你要找到方法與外在世界隔絕，同時在內在世界找到一個安靜的所在。你要把焦點擺在內在自我，有意識地營造與你自己的親密連結。對此，很多人不曉得該怎麼做。有些人則很害怕這麼做，因為他們的內在看似是個陰冷、不吸引人的地方。你可以從簡單地問自己：「我有什麼感覺？」開始，當你覺得可以的時候就這麼自問，一天問多少次都行。你可能需要寫下「查看一下自己」、「你覺得如何？」這類的字條給自己，提醒自己走入內心。

每當你在打造慈愛的內在之聲的過程中有所進展時，就利用這項練習給自己肯定。

再談卡洛斯：運用自我撫慰讓內在的批判之聲消音

還記得「自我寬恕」那一章提過的卡洛斯吧？卡洛斯對自己會施暴於太太和小孩的事實極端防衛。不過就如我們慢慢發現的，在這些防衛心的背後，藏著大量的自我批判。卡洛斯不僅對太太及小孩嚴苛，他對自己也一樣嚴苛——事實上，他對自己就像小時候父親待他那樣地嚴苛。

為了應付父親不近情理的期待和極端挑剔，卡洛斯現在用他明顯的防衛心來掩蓋痛苦：他學會對自己所受的苦視而不見。然而，隨著我以慈悲心看待他的遭遇，卡洛斯慢慢察覺到他所受的苦——感受到他埋在心底的深沉悲傷。漸漸地，經過無數次的溫和刺探，卡洛斯終於能夠以慈悲心對待自己。在某次會談中，他淚如雨下，邊哭邊說：「我不知道我小時候感受到這麼多痛苦，我不知道這些苦還在我心裡。」卡洛斯就此突破瓶頸。

我建議卡洛斯，下次他的內在批判又開始攻擊他時，藉由體察身體的緊繃和沉重，試著和心底的痛苦聯繫。接著我又建議他跟自己說：「我關心這痛苦；我關心我所受的苦」，藉此正視他的痛苦。

　　接下來的那次會談，卡洛斯說他按照我的建議做了。「一開始真的覺得很彆扭，我是說，想到要『進入我的身體』實在很怪，但我還是做了。然後當我問自己我把痛苦堆積在哪裡，我發現喉嚨和心頭緊縮，也發現胸口很沉重。然後，我發現我的心的確受傷了。突然間，我覺得困乏又脆弱——像個真正的窩囊廢。其實我頭一次試著這麼做時，受到了大量羞恥的攻擊，但漸漸的，我越是練習，越覺得我的防護罩在消融，真的很不可思議。」

　　確實很不可思議。如果你習慣對自己百般挑剔和批判，任何透露著仁慈和理解的真心表達，都會在你內心引起驚人的轉變。對自我的慈悲會敞開你的心，療癒就此展開。就像卡洛斯經歷過的，你再也不需要築牆來防衛自己。

　　卡洛斯持續練習對自己仁慈，他學會不再逃離痛苦，而是刻意把注意力集中在他所受的苦。這幫助他總算承認了童年受到父親虐待——這是他之前是抵死不認的。一旦他意識到自己所受的苦，他的心變得柔軟和開放，最後終於把他的慈悲心延伸到太太和小孩身上。過去，他一心一意地避免接收到更多羞恥，以致於無法承認他傷害了他們，更別說對他們感到慈悲。最後，在步上父親後塵的罪惡感和羞恥感逐漸消退之後，被鬆綁的他總算找到療傷止痛的方法來彌補太太和孩子。

對自己仁慈的練習：溫柔對待自己

下回你的內在批判之聲又開始攻擊你，或者屈辱把你壓得喘不過氣，停下你正在做的事，讓自己安定。一等自己安定下來，審視一下自己的身體，看看哪裡感到痛苦或不適。就如卡洛斯一樣，你會感覺到喉嚨、胃部或胸口（心頭）緊繃或沉重。

把你的手輕輕放在心頭或臉頰上，說：「我關心這痛苦，但願我脫離這種苦。」來安撫自己。

關心你的身體

研究顯示，對自己仁慈並非只是一種「讓人感覺舒服但實際上改變不了什麼」的觀念。舉例來說，自我撫慰起作用的一個重要方式是，激發催產素，即愛情與連結的賀爾蒙的分泌。研究指出，催產素分泌的增加會大大地提高信任、鎮定、安全、慷慨和聯繫的感覺，也會促進感受溫暖和同情的能力。當你藉由輕柔地觸摸自己的身體來自我安撫時，尤其是如此，這是因為觸摸身體會促進催產素的分泌，從而減少恐懼和焦慮，抵消壓力引起的血壓升高和皮質醇的分泌（Neff, 2011）。

有很多方法可以從身體上來安撫自己。我的許多個案發現，輕撫雙頰或輕撫臂膀格外有安撫效果。找出對你有效的方法，透過觸摸來安撫自己，運用以下的練習作為引導。

對自己仁慈的練習：安撫自己的身體

1. 回想你曾經體驗過，最能安撫你的肢體撫觸和安慰。也許是一句好

聽的話，或是愛人的撫觸。也許是你的父母或照顧者輕撫你的頭髮、替你抓抓背，或按摩你的腳的某次記憶。

2. 當你回想這安慰人的撫觸時，留意內心湧上來的感受和感知。細細回味這些感受。

3. 試著用類似的方式撫摸自己，複製這帶來安撫的感受。一開始你可能會抗拒，可能會心想還是由別人來做感覺比較好，但請你還是繼續下去，試著從中找到樂趣。

4. 一面撫摸自己的臂膀、頭髮、臉龐，或以其他方式安撫自己，一面用溫和的口吻對自己說話，安撫的效果特別好。

給自己所需要的東西

對自己好的另一個面向是，提供自己這輩子所需要和渴望的東西；不只是你在沮喪時需要的東西，而是整體而言需要的東西。要做到這一點，你得要有自我覺察（self-aware）。所謂的自我覺察就是了解自己──花心思在自己身上，注意自己的感受和反應。因為缺乏自我覺察，結果使得自己去做或逼迫自己去做自己不想做的事，這類的例子不勝枚舉。想想你有多常把自己的需要擱在一邊，去做別人期待你做的事，或為了取悅別人而去做事。

自我覺察鼓勵你做到自我仁慈的另一個途徑，是容許你留意什麼事情會讓你快樂、舒服和平靜。在我的個案中，因為沒花時間去注意這些事情而答不上來的人數，多到會令你吃驚。而且我的個案裡有很多人與自己的身體失聯，因為他們大半輩子若不是處在麻木的狀態，就是心神飄忽的狀態，童年被性侵過的人尤其是如此。也有人發現，從小父母就忽視他們身體和情緒上的需求，所以他們從來沒有學會重視自

己的需求。多花一些心思留意自己什麼時候感覺好，什麼時候感覺不好，事情就是這麼簡單（也很困難）。以下的問卷可以幫助你聚焦在自己身上，讓你更有自我覺察力。

問卷：什麼事情讓你感覺好或不好？

1. 你都固定做哪些會讓身體感覺舒服的事？（例如：吃得好、大量睡眠、運動）
2. 你都固定做哪些會讓身體感覺糟糕的事？（例如：吃太多甜食、喝太多酒、抽菸）
3. 你都做些什麼來滋養身體？（例如：抹乳液、做瑜珈、達到性高潮）
4. 你的身體在什麼時候是最舒服的？（例如：運動完畢、躺在床上一大堆枕頭之間、舒服地淋浴或泡澡之後）
5. 你的身體在什麼時候最不舒服？（例如：吃得太多、身體長時間繃得太緊、必須和其他人坐得很近時）
6. 吃哪些食物會讓你的身體特別舒服？
7. 吃哪些食物會讓你的身體不舒服？
8. 你喜歡接到哪種訊息——輕柔溫和，還是堅定深沉？當另一半撫摸你時，哪一種撫摸——輕柔、緩慢、堅定、舒緩——感覺起來最有愛？
9. 你喜歡泡澡還是淋浴？你喜歡泡在熱騰騰的浴缸或按摩浴缸裡，還是這會令你困擾？
10. 如果你想要放鬆並感覺自己的感受，這時候你喜歡聽什麼樣的音樂？你會因為不想感到悲傷也不想被惹哭，而抗拒會觸動你的情感的音樂嗎？倘若如此，有沒有哪種音樂或聲音——譬如爵士樂或環境音樂——可以幫助你放鬆但不會引起痛苦？

這些問題都是為了讓你放慢步伐，好好想一想什麼會讓你感覺舒服。唯有你知道什麼會讓你舒服，你才能開始給自己那些東西。而且唯有如此，你才能開始善待自己的身體和靈魂。

> ### 練習對自己好：你的「好感覺」日記
>
> 　　買一本你可以隨身攜帶（或容易拿取）的日記本或筆記本，當你一有什麼自我察覺，或你一感到喜悅，便趕快記下來。譬如說，當你在身體、情緒、或精神上感到格外舒服，留意產生這舒服感受的周遭環境。你可能會注意到當你和某個人在一起，可能是你的朋友或愛人，你感覺特別地開放和深情。將這些記在你的日記裡。你也許會注意到，環境裡的某些事物會令你特別快樂或歡喜，譬如看海、觀賞日落、欣賞美麗的花朵，或與動物為伴。把這些寫下來。你可能會注意到，當你有某種作為，你會對自己感覺特別好：譬如，當你冒險對某人說出真心話時；當你把批判擺在一邊，真心對某人感到同情時；當你完成某件困難的事，並開始給予自己肯定時。把這些都寫下來。定期回頭翻閱這「好感覺」日記，提醒自己重複這些令自己感覺好的事情。

當你自己的好父母

　　自我仁慈也包含滿足自己的需求。由於你童年時受到了某種虐待或忽視，你的雙親很可能並不慈愛，或者不會回應孩子的需要。你的雙親很可能重演他兒時被錯待的情節，結果讓你受虐或被忽視；你的父母可能不知道如何滿足孩子情緒上的需求，或者一心想著如何維持家計而疏於照顧孩子。無論如何，從現在起，好好成為自己的慈愛父母很重要。

　　羅萊爾・梅林（Laurel Mellin）在她的《康莊大道：如何邁向健康與幸福》（*The Pathway: Follow the Road to Health and Happiness*, 2003）這本很棒的著作裡寫道，要成為自己的好父母，你需要在剝奪自己和縱容自己這兩個極端之間取得平衡，而那個中間點就叫做「有回應」（responsiveness）。

就像我之前討論過的，有回應的父母能夠敏察孩子的需求。如果寶寶哭鬧而原因並不明顯，做媽媽的會設法找出寶寶需要什麼。如果寶寶哭是因為肚子餓了，媽媽不會去換他的尿布；如果寶寶是想要有人抱，媽媽不會餵他喝奶。有回應的父母會發現並滿足孩子真正的需求，他們並不需要放縱孩子。當父母的不需要汲汲營營地彌補所有的疏失。他們自知對孩子的真正需要有所回應，而且不會有內疚。

就像有回應的父母會體察孩子的需求，你也要對自己的需求保持覺察和敏感。一旦你認出自己真正的需要，你就更有能力滿足自己的需要。遺憾的是，要發現自己真正的需求通常沒那麼容易，尤其是如果你爸媽經常讓你有所欠缺或者過度放縱。

將感受和需求連結起來

察覺自己在特定時刻的需求為何的方法之一，是體察自己的感受。只要你仔細留意，你的感受就會把你需要什麼告訴你。以下的練習會幫助你勾畫出這重要的連結。

練習對自己好：感受與需要

1. 回到內心，問問自己有何感受，每天這樣檢視自己幾次。固定從憤怒、悲傷、恐懼、內疚或羞恥這四種基本感受來檢視，有時候會容易些。因此你可以問問自己：「我覺得憤怒嗎？」如果答案是否定的，接著問：「我覺得悲傷嗎？」如此這般繼續下去。你會發現「我有什麼感覺？」的答案，是「寂寞」或「肚子餓」等等。
2. 當你發現自己有某種感受，找出相應的需要。問問自己：「我需要什麼？」答案往往是：「我需要感受自己有什麼感覺，然後讓這

種感覺過去。」以最簡單的方式回答,別用太多的細節或錯綜複雜的情節把問題搞混。舉例來說,當你感到憤怒,你也許需要大哭一場。當你肚子餓,你需要吃東西。當你感到內疚,你需要道歉。

3. 你也許要試著先找出幾樣需求,然後才會找到你最需要的那一個。而且某個感覺也可能牽動著很多需求。舉例來說,你可能**感覺**寂寞,因而你的**需要**可能是:打電話給某個朋友、來自另一半的擁抱、與自己的聯繫。

4. 提高警覺,有些答案並沒有真正呼應你的需要。舉例來說:「我感到悲傷──我想吃糖果。」或「我感到憤怒──我想揍他。」尋求你內在固有的智慧,放鬆一下,聽取更符合邏輯、更能滋養自己的答案。問問自己,「我真正需要的是什麼?」最好的答案也許是「抒發一下(書寫、唱歌)」;「動一動身體(走路、跺腳)」;「想個辦法」;「從中學到一課(下次我會……)」。

用和父母不一樣的方式對待自己

曾受虐或被忽視的人,常看著那些很有動力照顧自己的人,心裡納悶著:「他們哪來那麼多力氣」在想不透「他們怎麼會那麼在意身體健康或外表?」的同時,也痛苦地察覺到自己好像缺少了什麼──某種動力,足以使人對一塊蛋糕說不;或在早晨六點鐘就起床,趁上班前去健身房;或離開施虐的另一半。缺少的那樣東西,就是對自己的愛。

某些倖存者會在乎自己的身體,但不在乎自己的情緒或心靈。他們會花好幾個鐘頭在健身房健身,但是連花個五分鐘問自己有何感受都做不到。他們會把週末的時間用在慢跑、騎單車、爬山,就是不會花個一時半刻獨處,與自己的心靈聯繫。或者,他們會花大把時間擔心外出時的舉止和打扮如何,卻不關心內在的動靜。

很多童年受忽視或情緒受虐的倖存者，對待自己的方式就和父母如出一轍。到頭來他們剝奪了自己的需要、放棄自己、操控自己、羞辱自己或忽視自己，做法也和父母差不多。你可能很習慣被剝奪很多東西，所以你繼續讓自己匱乏。你也許很習慣被羞辱，所以你繼續羞辱自己。但是你不需要用從父母身上學到的方式，重複那些剝奪、放縱的模式而困在過去的泥淖裡。雖然為了彌補兒時的缺憾而放縱自己很誘人，但這也彌補不了你所經受的匱乏。真正能夠彌補你兒時匱乏的唯一事項，就是當你自己的好父母，就像長久以來你應得的那樣回應自己、關愛自己。

練習：以仁慈對待自己

1. 列出你如何忽視自己，如何剝奪自己的需要。

2. 寫下你想得到的每一個你父母親如何疏於照顧你需求的例子。特別把焦點擺在他們如何剝奪了你在舒適、保護和養育方面的基本需求。舉例來說，有個個案寫下：「我爸媽總是對我很不耐煩，對我催東催西，大吼著要我動作快。當我想要跟他們說我在學校過得如何，我總覺得我很礙事，或我會惹惱他們。」

3. 留意你有多常用你父母（或其他照顧者）對待你的方式對待自己。上述的個案如此寫道：「我發現我也老是對自己不耐煩，這真教我吃驚。我總會叫自己快一點，總是對自己遲到很生氣。當我想要跟別人分享什麼，我腦裡總有個聲音叫我閉嘴。」

4. 寫下你如何開始用更仁慈的方式對待自己，好讓你打破這些負面模式的一些想法。以下是我的個案寫的：「我要努力讓自己對自己更有耐性。我不想老是遲到，所以我打算要提早抵達每個地方，這樣我才不必匆匆忙忙地趕來趕去，也才不用因為遲到而批判自己。我打算要冒險暢所欲言，多跟別人談談自己。其實我是個很有趣的人，我的工作很特別，因此我打算要信任別人會願意聽我說話。」

我母親在很多方面疏於照顧我，包括沒有照顧我身體上的需要，譬如沒給我乾淨的衣服穿、沒教導我個人衛生，也沒帶我看牙醫。因此，我二十出頭時才開始學習照顧自己的身體和看牙醫。她也不透過肢體來對我表達愛，這一點（以及被性侵）使得我在性關係上非常混亂。由於這衍生出了很多問題，多年後我學到接受按摩是彌補這缺陷的好方法，便從此開始定期接受按摩。

最近我去了一趟峇里島，每天做按摩款待自己（那裡的按摩很便宜）。我遇到一位技巧高超的按摩師，手法非常輕柔溫和，他觸摸我的身體時所傳達的愛心與善意，令我止不住地掉淚。那一星期的假期結束時，我有一個體悟。這位全然陌生的人對待我身體的方式，比我自己更有愛心、更關切、更尊重和更溫柔。我實在很震驚。從沒有其他事物如同這位按摩師一般，教會了我如何尊重我的身體。這衝擊一直在我內心深深震盪。

小叮嚀

隨著你持續練習善待自己，你可能會經驗到一種現象，那就是哀傷或其他負面情緒，或者創傷的痛苦記憶，會強烈得令你不勝負荷。當你把善待自己的練習變成日常生活的一部分，你從小對自己的老舊信念（「我不值得愛」、「我沒價值」）也可能會從潛意識湧現。

一位非常有慈悲心的治療師這麼向我解釋這個現象：著手解決問題之初，我們就像充滿了羞恥、痛苦、憤怒、恐懼和內疚等等感受的一只容器。當療癒展開，特別是當我們開始以慈悲心和仁慈對待自己時，就好比把仁慈和慈悲倒進這

容器裡。由於容器裝滿了羞恥等其他負面情緒，要再裝進仁慈與愛等新的正面情緒，就非騰出空間不可。我們得先倒掉一些如羞恥等的其他負面情緒，才能有空間裝下自我仁慈與愛。所以你對自己越仁慈、越有同情心，一直以來你因為孤單和被誤解而生的悲傷，就會溢出越多。

處理這可預期情況的方法，是正視這些難受的感覺，別把它推開。你可以說：「我已經有好一段時間對自己感覺很好了；自我懷疑和自我厭惡的舊感覺會跑出來是很正常的。」或者你也可以用你一直在做的練習來面對負面的感覺，也就是承認你正在受苦，並且應用你正視自己所受的苦的練習句型。

假使哀傷之類的情緒變得強烈，別驚慌；盡管讓這些情緒湧現。讓自己對於自己受苦那麼久而且沒人來安慰而悲傷。換句話說，溫柔地對待自己，安慰受苦的自己。

要在生活中自然而然做到對自己好，這需要花時間，而且要多多練習。但你將學會聆聽自己的需求並尊重它們。你將學會不再對身體發出的訊號（譬如想要休息，或健康飲食）視而不見。藉由培養自我安撫的能力，你也能學會愛自己，即便你犯了錯也一樣。

好消息是，自我仁慈會帶來對自己的犒賞。每一天都是用仁慈來對待你所受的苦的新契機，每次你這麼做，你都在加深自己值得被仁慈對待的信念。當你犯了錯或事情出了差錯，你越是和善地回應自己，越是能弭平多年來自我批判的傷害。當你感到悲傷、害怕、憤怒或內疚時，越有能力安撫自己，你就越不會被沒那麼正面的情緒壓垮。

最重要的是記得這一點：你值得對自己好；當你有壓力時，你值得安撫自己；而且你也值得滿足自己對休息、良好營養以及與他人連結的基本需求，這是人人皆有的需求。

第十一章

自我鼓勵

如果人人都能獲得成長所需的鼓勵，大多數人的天分將會像花一樣地綻放，在全世界結出豐碩的果實，超出我們最狂野的夢想。

——席尼·麥德威（Sidney Madwed）[10]

　　我們都有目標和夢想。本章的主旨在於，你如何以自我慈悲為動力，鼓勵自己達成目標和夢想。不管你的目標是停止別人對你的踐踏、停止被虐待、得到勇氣和力量離開施虐的關係、停止酗酒或嗑藥或是戒掉其他癮頭、停止自我破壞或自我打擊的行為，或單純只是想讓自己變得更好，自我鼓勵可以幫助你達成目標。

　　自我鼓勵也是培養自我慈悲的第五步和最後一步。這一步原本就很重要，而且它還可以強化自我慈悲的其他成分。沒有自我鼓勵，你會落回自我責怪、自我批判的舊習中，而不是以自我慈悲為動力，持續地在療癒之路上邁進。

　　如果有幸，你會在成長過程中遇到一兩位鼓勵你的人，可能是你的老師、教練、祖父母，但過往你周遭的人大抵是貶損和打擊你的。令人難過的是，那些批判和打擊比起你腦中正在進行的批判打擊，恐怕是小巫見大巫。基於這個理由，在這一章裡我們不僅著重自我鼓勵，而且會繼續努力讓你腦袋裡的自我批判之聲消音，這個批判之聲持續地對你說

10　美國演說家及作者（1948-）。

你哪裡不對勁、說你老是不如人、說你會一事無成、說你不配遇到好事。

羞恥如何變成你的缺陷

我們都有夢想，我們也都有遺憾——希望自己有達成的事、但願自己沒去做的事。沒學會衝浪是令我很遺憾的一件事。我很喜歡親近水域，尤其是海洋，它彷彿是我的第二故鄉。我最美好的一些回憶都和戲水有關，我特別喜歡觀看衝浪手在浪頂上滑行，或穿越滔天大浪。

我沒學會衝浪是因為我害怕，而且我對自己的身體從未感到自在。我這輩子始終有體重的問題，以前在學校上體育課時我總是深感羞恥。雖然我不會衝浪，但我幾乎每天都到海邊看人衝浪，看著他們在浪頂上滑行時，我總能感受到他們駕馭的快感。

最近有一天，我把車子停在老地方，那是一處能俯瞰海灘的停車場，我準備要觀看衝浪手衝浪並寫寫日記。眼下，我看到有個男人坐在海灘上，正在褪去他的潛水衣，衝浪板就放在身旁。我馬上注意到他的腿不能動，那雙腿看起來癱瘓了。我驚異地納悶道，他是怎麼用衝浪板滑入海裡的？真希望我早一點抵達，就能看見他如何使用衝浪板了。我深深地佩服他的勇氣與決心。

我環顧四週，想知道附近有沒有輪椅、有沒有人陪他來。大概在二十呎之外我看到了輪椅，但沒看到有陪同的人。這男人繼續脫著潛水衣，我心想如果沒有人陪同，他就得自己爬上輪椅。隨後，有個年輕男子從停車場走下岩石，跑到他身邊詢問是否需要幫忙。那衝浪手指著停車場，示意

那年輕人幫他把衝浪板拿過去。然後年輕人走向輪椅，把它推向衝浪手。衝浪手自行設法坐上輪椅，年輕人拿起衝浪板、爬過岩石，回到停車場。

接著，坐在輪椅上的衝浪手緩慢地在沙灘上移動。這沙灘非常寬，他有很長的路要走。他只是使勁地把自己推過沙灘，偶爾停下來休息一下。我沒留意到是否有人上前幫他。我轉頭去看其他的衝浪手，當我回過頭時，他已經來到舖沙的堤岸底下。他停在那裡好一會兒，我心想，他艱難地跋涉了好一段路，恐怕得好好休息一下。就在這時，剛才那位年輕人出現了，另一個男人也朝這位衝浪手走來，幫忙他把輪椅推上山丘。一開始很難推，因此這男人將輪椅調了頭，讓他們用拉的。一陣子之後他們又拉不動了，於是他又將輪椅調頭，再度用推的。那位衝浪手用手臂幫忙把自己往上推，但山丘實在太陡了。接著又有一位年輕人跑過來，三個人想辦法慢慢地把輪椅推到山丘上。當我看到他們終於抵達山丘頂端，也感到振奮鼓舞。

這整段情節令我深深感動。等一下我會說我感動的理由。在說之前我想問問你們，讀到關於這位衝浪手的段落，你有什麼感受？

● 你覺得羞愧，因為你有健全的雙腿卻沒有好好珍惜？
● 你覺得羞愧，因為你沒有更努力地達到目標？
● 你被這衝浪手的勇氣和決心所感動，所以你到受鼓舞決定要更努力地達到目標？
● 這位衝浪手的耐心和毅力，以及他似乎深信船到橋頭自然直──當他需要人幫忙時一定會有人前來──令你印象深刻？

你回應的方式透露出很多訊息。如果這故事令你感到羞愧，你就是在挑剔自己。你用這故事再度證明你有多懶惰、不足，或多麼不知珍惜。或者，你感到羞愧是因為你拿自己和那衝浪者相比，你的想法可能是這樣：「這個人儘管有明顯的缺陷，卻依然努力達成他的目標，而我卻半途而廢，而且連個充分的理由也沒有。」

　　如果你並不覺得羞愧，反而被這衝浪者感動並受到激勵，你就是走在正軌上。自我鼓勵關乎的是勇氣與決心。被克服缺陷的人的勇氣與決心所激勵是好事，不過本章的目標之一，是希望你能被自己的勇氣和決心所激勵。

　　你若是被這人的耐心和毅力鼓舞，而且對他深信船到橋頭自然直的態度印象深刻，這也是正面的反應。大部分的目標都需要耐心和毅力才能達成，這故事是個很好的提醒。對於那位衝浪手「橋到船頭自然直」的態度感到驚訝也是可理解的反應，尤其是在你的問題長久以來一直沒解決的情況下。有那般信心確實很驚人。

　　當然，我們不知道那位衝浪手的遭遇。我們不知道，他是否天生殘障而煞費苦心地學會衝浪，或者他本來是衝浪手，但曾經碰上悲慘的意外。我們不知道，他是否有個充滿愛的家庭在情緒上支持他，給了他力量與決心去克服自身的殘疾並達成夢想，或者，他戰勝了童年受虐或被忽視的陰影，就像本書的許多讀者一樣。我們看到的是，這個人確實很想要衝浪，而且他克服殘缺做到了。

　　其實，童年遭受的虐待和你因此背負的羞恥所造成的殘缺，並無異於這位衝浪手。這並非小看這位衝浪者在生活的每一天所要承受的困難，但也一點不誇大。然而，你的羞恥讓你變得盲目，看不到自己的良好品質，使得你以扭曲的眼光看待世界，這與你在生理上眼盲沒有兩樣。你的羞恥讓你

聽不進關心你的人對你說的好話，這與你真的耳背也沒兩樣。而且，你的羞恥削弱了你，影響你在身體和情緒上充分發揮潛能，這也和你真正有肢體殘障差不多。

沒有殘障的人生

減少甚或消除你承受了一輩子的情緒殘障是很有可能的。隨著羞恥感減少，你將有機會看見，沒有那些殘障的生活是什麼模樣。你無法回到過去，抹去你的童年重新來過，遭受虐待畢竟留下了傷疤。但是減少因受虐而來的羞恥後，你可以看得更清晰、聽得更清楚，更自由奔放地活動身體。現在，除了舊習還有你對新發現的自由所生的恐懼，什麼都阻撓不了你。

我提起這位衝浪手的故事，並非要你因為缺陷的阻礙而感到內疚或羞愧。我也不是要你因雙腿健全卻不知感恩而覺得自己很糟糕。相反的，這個故事象徵了你的奮鬥有多艱辛，也象徵著儘管受到殘障的拖累，你也成就了很多事。

想想你聽到的那些負面訊息，以及你因為羞恥而聽進去的那些負面訊息。然後再想想你這輩子所完成的事，儘管你一直背負著羞恥，儘管你腦中有那些批判的聲音，儘管你被灌輸你不會達到自己所想要的成就。

現在，想想所有的羞恥和負面訊息都是某人放到你背上的巨大肉峰。我要你真正去看見和感覺那肉峰，去感覺背上揹著額外的重量過日子有多麼困難。想想那額外的重量會耗去你多少精力，很多身體動作都變得困難重重。想想這肉峰讓你多彆扭、有多礙事，即便你在做的是最簡單的事。接著，想想背上的肉峰讓你有多尷尬——你會怎麼想像別人如

何看待你和取笑你。想想你會多常關在家裡孤立自己，而不是無懼於他人眼光大膽地出門。那個肉峰就如同你的羞恥，它拖累你、讓你舉步維艱，使你覺得尷尬、和大家不一樣而且不被接受。

現在想像一下，把肉峰拿掉後的感覺有多好。留意你的感覺有多輕盈，身體移動時有多自由，你可以多麼融入人群——不需擔心別人會盯著你看或對著你指指點點。我希望透過目前為止所做的練習，你已經多少體驗到羞恥不再那麼沉甸甸地壓著你，或你不再覺得和別人不一樣、不再覺得自己令人反感。你不再需要隱藏或孤立自己。你可以抬頭挺胸地走在陽光下。

令人遺憾的是，因為你駝著這個肉峰很久了，有時候你會忘記它已經不在你的背上，結果你表現得好像還駝著那肉峰一樣。因此，你必須經常提醒自己肉峰消失了。你需要鼓勵，以便打破諸如自我孤立、認定別人老是在挑剔你、指責自己成事不足之類的舊習，並最終拋開它們。這就是鼓勵的作用。

如何練習自我鼓勵

「自我鼓勵」意味著建設自己而非拆毀自己。這就好比成為自己的好父母——能看見孩子的潛力、想要加以培養，而且會在孩子達成目標時感到驕傲的父母；而不是因為自身從未達到，而忌羨孩子、怨恨孩子的父母。這是相信自己，也相信自己克服侷限與缺陷的能力。這是著眼於你的強項、正面特質和技能，而不是強調你的弱點和限制。這關乎於確保你讓自己圍繞著會鼓勵你而不是對你找碴挑錯的人——他

們看見你成功不會感覺受到威脅。這也意味著要著眼於你所完成的事，而不是未完成的。

當你在打造自我鼓勵的練習時，你要：
● 修正你的目標，使之較能反映你目前的能耐
● 承認你可能淪落至何種下場，但你沒有
● 肯定自己所完成的事
● 誠實地衡量自己的正面及負面特質
● 清楚知道自己想達成什麼
● 以自我修正取代自我批判
● 要有失望的心理準備
● 要有內心會有壞事者出現的準備

修正你的目標，使它更合乎你目前的能耐

　　就像我們討論過的，童年受虐的倖存者傾向於對自己設下不合理的期待，且對於人生特定領域的設定格外不合理：你的希望與夢想。我屢屢聽到個案說，他們對自己極度失望，因為他們沒能達到自己設定的人生目標。

　　我的個案朗達就是一個例子。「我有三次失敗的婚姻，我顯然不擅長經營感情，而且現在也老得不能生孩子了。我覺得自己真失敗，我可以付出很多──我總是很想給孩子我所欠缺的，但現在我眼中的自己，是個沒有家庭、孤伶伶的老女人。」

　　替朗達難過之餘，我也希望她知道她並不孤單──很多童年受虐或被忽視的人與她處境相同。童年受虐以及相伴而來的羞恥感，影響了我們與他人發展親密關係的能力。原因有很多，包括我們很難信任別人（或者相反，太信任別

人）；沒有能力挑選會愛我們的健全伴侶；容易挑到有如施虐者翻版的伴侶；我們很難接受美好的事物，包含愛在內。

當我向朗達指出這些事情時，她非常吃驚。她坦言，她從未想過兒時受虐會如此深刻地影響她打造家庭的能力。就這一點來說，她和很多有受虐史的人一樣，不太容易把受虐和無法達到某些目標這兩者連結起來。

我的個案吉兒也批判自己不能有更多成就：「我始終計畫著上大學然後當一名教師。我想要像幫助過我的一位老師一樣幫助其他孩子。那位老師是金尼太太，她對我特別關照。她是第一個注意到我有某些才華的人。她給了我希望，讓我知道我長大後可以開創與我父母完全不同的生活。但我想我讓她失望了，也讓自己失望。專科學校我念了一年就休學了，因為我不用功。」

吉兒低估了她所承受的身體虐待和情緒虐待對她損害。「我試著努力讀書，但沒辦法集中精神。」她說：「我的心思會遊走，當考試來臨，我會焦慮到無法思考。」

一如童年受虐的倖存者常見的，吉兒因創傷後壓力症候群所苦，症狀之一就是很難集中精神。而且她也有表現焦慮（performance anxiety），因為她從小就動輒得咎。在她母親眼裡，吉兒老是做錯事。這兩個因素，加上吉兒經常想起父親的暴怒和身體虐待，都解釋了她難以專心讀書的原因。

如果你因為沒有達到目標而失望、憂鬱或覺得丟臉，花點時間想一想，你受虐的經驗如何影響了你的臨場表現、學習新知或新技巧的能力、信任、接受美好事物甚或挑選健全伴侶的能力，這是很重要的。

練習：你對自己的期待

1. 列出你過去對自己設定的期待或目標。
2. 列出你能想像的，所有你曾受到的虐待使你難以達成目標的方式。
3. 利用這些資料，給自己更多同情，並原諒自己沒能達成過去的目標。
4. 修正你的目標與期待，只納入對今日的你及目前的情況而言很合理的目標。

　　這項練習是為了幫助你不要再因為沒有達成目標而貶損自己，同時了解為何自己無法達成目標；並修正目標，讓目標反映出你更真實的模樣以及你目前的能耐。藉由誠實看待你目前的能耐，你才能真正地鼓勵自己繼續努力。差別在於，你會努力去達成可達成的目標，這會大大提升你成功的機率。

　　雖然從來沒去學過衝浪令我感到失望，但看著那位殘障的衝浪手，我學到的一課不是「只要你下定決心，沒有你做不到的事」。相反的，這件事提醒我，學習衝浪對我來說不是最重要的事。沒錯，我會眼巴巴地看著衝浪手，心想著如果我會衝浪該有多棒，但事實上我有其他更重要的事要做。而且因為這些更重要的事，我擁有了其他的成就。我年輕時首要的目標是從大學畢業。為此，我白天全職上班，晚上念夜校──所以我念了很久才畢業。但我從未放棄，我不只擁有了學士學位（我原初的目標），最後還獲得碩士學位，而且考取了專業諮商師執照。現在想起來，我知道如果我學衝浪的欲望和念完大學的欲望一樣強，我也可以學會衝浪。當年的我在每晚下班後，硬是拖著自己坐上公車去上學，所以

才能完成學業，就像那位衝浪手設法把自己和衝浪板推向大海一樣。

承認自己可能淪落至何種下場

我會對個案承認，夢想沒能實現是很難過的事。但我也提醒他們，他們不是失敗者。事實上，我認為他們有所成就：沒讓童年的遭遇毀了他們，反而是克服了那些傷痛，繼續讓自己成為一個美好的人。

知道童年受虐的人最後經常會走上五條路，對你來說很重要：

● 酗酒、嗑藥或染上其他的癮頭
● 需要精神醫療的嚴重精神疾病，包括因為企圖自殺或自傷而住院
● 犯法，最終往往導致入獄
● 變成施暴者
● 繼續當受害者

別再因為沒有達成目標而貶損自己，反倒要提醒自己由於過往所承受的一切，有可能淪落至何種下場。想想，你可能差點就要坐牢或住進精神病院。或者，你很可能已經走上其中一條或多條路好一陣子，但後來又為自己開創了較為健康的新道路；倘若如此，想想你有多努力才戒酒、戒毒或不再施虐。想想你花了多大力氣，才讓自己破除例如自戕、混亂的性關係等等毀滅性的行為，或是戒斷強迫性購物、偷竊或賭博。

肯定自己的成就

若沒有勇氣、力量、決心、智慧、耐心和寬容，你無法撐過童年時的錯待。想想你由於受虐，小時候承受了多少苦，長大後又承受了多少苦。想想你克服過的所有障礙與難關。要知道，不像你這麼具有力量、勇氣或決心的人，很可能沒辦法克服這些障礙。想想你所做的決定，以及這些決定如何拯救你免於坐牢、勒戒或進入精神病院。

當我想到那些可能的下場，我不禁為自己感到驕傲。我的人生有很多岔路，很多次我都差點走上更黑暗的道路，但我有幸從混亂中抽身，走上更光明的道路。有時候是擺脫某些人的影響，有時候是懸崖勒馬——譬如，我在四十歲那年發覺到，喝酒後我不時會眼前發黑，那是快要變成酗酒者的徵兆。我思忖後發現，多年來我一直酒後開車，很可能會撞死人或釀成大禍。所以我有好多年滴酒不沾，因為即便只有喝個一兩杯我也不信任自己。要是沒戒酒，我敢說我會和很多親戚一樣整天爛醉如泥。

接下來的練習，將會幫助你思索並寫下你克服過的障礙和難關，以及你的勇氣、力量、決心、智慧、耐心和忍耐如何帶領你走到今天。

練習：我對於＿＿＿＿＿＿＿＿＿感到自豪

1. 列出把你導向正途的正面抉擇。
2. 寫下你曾做過並為之自豪的事。（記得，自豪是羞恥的反面）

我在之前的段落回答了上述練習的第一部分，關於第二部分，我的答案是：

● 我對於自己沒有落得坐牢的下場感到自豪。
● 我對於自己在有必要戒酒、尚未落得因酒駕而闖大禍，也沒有變成酒鬼的情況下戒酒，感到自豪。
● 我對於自己不為人母的自知之明感到自豪，因為我知道我可能會忽視孩子，在情緒上錯待孩子。
● 我對於自己能在感情關係裡察覺到何時會苛待對方而感到自豪，也對自己在這方面下工夫以免繼續苛待對方而感到驕傲。
● 我對於自己沒有重複性侵的循環感到自豪。
● 我對自己努力地自我療癒、讓自己變得更好感到自豪。我對自己從不放棄感到自豪。

誠實地評估自己的特質

　　搞清楚你想接受自己的哪些特質、想改變哪些特質很重要。舉例來說，你身上也許有需要改變的地方，譬如對自己的孩子不好或對另一半不好；也許你純粹就是要去接納人格的某些面向，譬如害羞。以下的練習將會幫助你更加釐清你的各種特質。

練習：你的特質

1. 列出你所有的正面特質、能力、才華和長處（譬如：有幽默感、聰明、慷慨、勇敢、有同理心）。特別指出幫助你克服童年受虐經歷的那些優點、特性和技巧。

2. 列出你所有的負面特質和屬性、你的限制和壞習慣。

3. 現在，讀一遍你列出的正面特質，並且真的聽進去。真正去承認自己擁有這些美好特質，讓你為自己感到驕傲。

4. 讀一遍你列出的負面特質，或是沒那麼完美的特質。試著以中立客觀的態度，單純地承認你的這些面向，不帶任何批評。譬如對自己說：「平心而論，我容易不耐煩和挑剔，而且沒什麼運動細胞。」

5. 從沒那麼完美的特質當中挑出你想要改進的，同時也從中挑出你純粹就是要去接受的。比方說，「我希望我不要那麼沒耐性，不要那麼挑剔，而且我會努力改進。至於缺乏運動細胞，我想我只能接受我在體育方面不會表現得很好。」

6. 挑一兩個你想要加強改進的特質。確認它們是你在事實上多少能掌控的特質或行為——譬如更加關照你的身體，或者不要批評別人。

清楚自己想達成什麼

當你對於過去的目標和期待有了更準確的洞察，你就會處在更有利的位置來考量將來想要成為什麼樣的人，以及你要為自己設定什麼目標。搞清楚你真正的目標為何很重要，而且目標要盡可能明確。先前的練習也許已經幫助你釐清你想改進的人格特質或行為。一樣重要的是，你的目標是你發自內心真正想要的，而不是你覺得應該要做或被迫去做的。舉例來說，如果你的目標之一是減重，確認這不是因為你的另一半給你壓力、要你這麼做。以下的練習將會幫助你更精準地設定目標。

練習：釐清你的目標

1. 盡可能把目標說得簡單明瞭，無論是用口語或寫在紙上。
2. 寫下你為什麼想要達成這項目標。
3. 至少列出三個理由，說明何以達成這項目標能讓你的生活變得更好。請注意，有些理由是被抵禦羞恥感的需求所驅動的，譬如證明給別人看以得到掌控、成功或嘉許，因此這不是健康的理由。確認你的目標帶有以慈悲對待自己的成分，而且是為了讓你的生活更好，或為了療傷止痛。

當你在思索並寫下目標的同時，你也許注意到有些許的抗拒或恐懼湧現。你可能會聽到討厭的內在批判在對你說，你達不到這項目標或你不配達到目標。又或者，你可能察覺到真實的恐懼冒了出來。以下是我的個案提過的一些恐懼：

● 「我怕如果我減重成功，男人又會開始糾纏我。」（性侵的倖存者）
● 「我怕如果我離開丈夫，沒有人會愛我，我會孤苦無依。」（童年情緒受虐的倖存者，也是家暴受害者）
● 「我怕如果戒了酒，就必須離開我先生。」（情緒受虐的倖存者，也是酗酒者）
● 「我怕如果我對人敞開心，我會再次受到傷害。」（童年被忽視的倖存者）

如果有恐懼感湧現，試著去承認它、感受它，而不是壓制它或視而不見。我們在本書前面的部分討論過，向你的感受「挺身而進」。對很多人來說，只要承認恐懼的存在，就

能讓它消散。向恐懼挺進並不代表會迷失在恐懼裡。事實上，這可以幫助你在這經驗中保持覺察而不受牽制，你甚至可以跟恐懼說說話，看它想告訴你什麼，一如以下的練習。

練習：恐懼要告訴你什麼？

1. 首先，讓自己去感受身體裡的恐懼。恐懼帶來的感覺通常是喉嚨緊繃或胃緊縮，或者下巴、頸部、肩膀、胸口、雙手等其他身體部位的緊張或緊繃。
2. 接著，問問你的恐懼：「你想要跟我說什麼？」或「你想要我怎麼做？」
3. 閉上眼睛，深呼吸幾下，深入地聆聽，看看是否能聽到你內在的恐懼之聲，或者感覺到你的恐懼正在傾訴什麼。

我的個案們進行上面的練習時，聽見了像是「我希望你接納我」，以及幫助他們更了解自身恐懼的許多訊息。判斷出恐懼是有現實根據還是基於羞恥而來的，這很重要。害怕男人會來糾纏的那位個案，她的恐懼就有事實根據：當她瘦身之後，男人想必會找她調情。這是性侵的倖存者常有的恐懼。了解這恐懼是真實的，有助於這位個案把焦點擺在學會應付這類情況的方法，包括堅持自己的權力和保護自己。

害怕再也沒有男人會愛她的那位個案，她的恐懼就不是基於事實，因為她很可能會找到另一個愛她的男人，而不會孤獨終老。她的恐懼是基於羞恥，是經常被她丈夫數落「又醜又笨又神經所以沒人愛」所強化，而她也就慢慢相信這是事實。我鼓勵她持續加強自我慈悲的練習，去除被丈夫和雙親虐待而生的羞恥感。

持續深化自我慈悲的練習，大抵會幫助你消除恐懼。研究顯示，對自己慈悲的人比較不怕失敗（Germer and Neff, 2013）。隨著你的羞恥逐漸減少，你會更加覺得自己值得遇上好事，而且也有能力達成目標。試著對自己說（最好大聲說出來）：「我會達成目標。」或把你的目標明確地說出來，譬如：「我會減重成功。」或是：「我會擁有一段被尊重與被愛的好感情。」如果你發現自己說不出這些話也不相信你說的這些話，大抵是你的羞恥感從中作祟。

如果你的目標是戒斷某個癮頭，而且你還沒加入戒斷十二步驟計畫[11]，我會建議你快點加入。和跟你有同樣問題、也在和羞恥感奮鬥的人一起努力，對你有莫大助益。這也會幫助你消除經常與羞恥相伴而來的孤立感。

再者，當你跟有相同問題和感受的人在一起（例如，加入性侵倖存者團體，或依賴成癮者〔codependent〕團體），深層的療癒才可能發生。能夠在不會審斷你的群體裡分享你最深的想法和最深的恥辱，有助於你持續康復，達成目標。

以自我修正取代自我批判

自我鼓勵的練習最重要的一步，是區分自我批判和自我修正。仔細留意這之間的差別，將有助於你放下自我批判。

吉伯特在他的《慈悲的心念》一書裡，對於這兩者的差別，給出了精闢洞見。首先，自我批判是繞著恥辱打轉的，而自我修正是以慈悲為核心。因此，我們在接受這兩者之際

11　由需要戒斷同類型成癮問題的成員所組成的支持性團體，包括酒癮、毒癮、性癮等。

的感受，天差地別。當我們處在自我批判，你往往會對自己失望、憤怒和挫折，有時候甚至看不起自己。

當你對自己百般挑剔，你通常是帶著悔恨回首過去，著眼於你做了什麼，或沒做什麼，而且嚴苛以對。這無法激勵你在將來做得更好，事實上往往是打擊你的信心。相反的，慈悲的自我修正是前瞻性的思維。自我修正著眼的是進步的企圖和從過去的錯誤中學習。

自我批判使你眼盲，看不見你內在的正面情緒和企圖心，它會欺瞞你，讓你相信唯有鞭策自己才能成功。自我修正著眼於進步而不是完美，而且你為了進步或改變給自己的任何建議都是帶著鼓勵、支持和善意（Gilbert 2009）。

另一個比較自我修正和自我批判的方式是，想像你在學習某項新技能，而你有兩個教練，他們隔週輪流訓練你。第一個教練很挑剔，他會著眼於你的錯誤，你一做錯他就會指出來，而且有點惱火，好似認為你不夠專心或沒有盡全力。另一位教練很有同情心，他知道學習新技能很困難，大體上對你很好、很支持你。他著眼於你表現好的地方，並以此一步步鞏固基礎。當你犯錯或遇上瓶頸，他會評估你有多努力，試著了解困難在哪裡。他給你清楚明確的回饋，讓你知道如何改善表現。當你犯錯或跟不上，他不會惱火，而是讓你知道犯錯是學習的一部分。

你喜歡跟哪個教練學？你覺得哪個教練更能幫助你學會新技能？憑直覺你大抵會認為跟有同情心的教練會學得更好，但是你仍舊死守自我批判的觀念，而那個討厭的內在批判在某方面還是奏效。你可能依然深信，如果你甩開自我批判，你會變得懶惰，因而成果不會很理想。你可能依然深信從小被教導的觀念──批評讓你保持謙虛，避免你變得傲慢自大。要你徹底放棄這些觀念很困難，這是合理的。不過，

我會鼓勵你下定決心將之轉換成慈悲的自我修正，縱使你無法徹底拋開自我批判，只要你盡全力一步一步來，還是可以把自己帶到更平衡的狀態。

要有「內在批判之聲會搞破壞」的心理準備

很可惜，有時候當我們越靠近目標、在情緒上的突破越多，內在的批判之聲卻也越大。而且這內在批判有個特殊脾性，就是當我們努力要做出改變，打破不好的舊習，或當我們在改變之中，它特別容易揚起它醜惡的臉。彷彿某部分的自我就是要從中作梗，破壞好事。

你的內在破壞者要破壞的事，通常和你正經驗到的幸福或改變有關。舉例來說，如果你感覺到更被其他人所愛和接納，你的內在破壞者很可能會讓你表現出激怒對方或令對方不認同的行為。這樣說好了，假設你從新男友身上感到被愛，你的內在破壞者不想要你感到被愛，所以它可能會讓你和新男友吵架，或讓你和別的男人調情惹男友生氣。終於覺得被某群人接納的人，可能會突然做出讓那個群體不認同或反目成仇的行為。改變有成者，譬如已經改掉飲食過量習慣的人，在甩掉大量的贅肉後，可能會突然間又開始失控地暴飲暴食。

察覺你的內在破壞者：

● 當你經驗到喜悅、愉悅、愛、認可、接納或成功時，留意內心有何動靜。

● 特別是留意你經驗這些好事之後，是否馬上就有飲食過量、喝酒過多或其他放縱行徑──特別是當正面的感受關

係到你的情緒、身體、感官或性慾。

● 每當你格外感到被接納或被愛，留意自己是否會和對方起爭執或把對方推開。

以慈悲的方式跟你的內在批判之聲說話

若你在朝向正面改變的過程中注意到自己有強烈的負面反應，該怎麼做？無須與你的內在批判正面對質，就如同我們在前面的篇章討論過的，你可以利用正在培養的慈悲自我，讓你內在的批判知道你再也不必聽從它的指揮——你的慈悲自我將要接掌一切。提醒自己，批判之聲其實是源於恐懼和悲傷以及過去的聲音。現在，你的內心比內在的批判還要更強大、更成熟、更有智慧，你能夠以慈悲對待它，無須屈服於它的恐嚇（Germer, 2009）。

練習：以慈悲對待你的內在批判

1. 舒服地坐著，深呼吸幾下。就像之前打造慈愛的內在之聲時所做的第一項練習那樣，把你的注意力帶向內在自我或情緒中心。
2. 如果你一直在練習以慈愛的方式對自己說話，還有練習對自己仁慈，你就是一直在培養慈悲的自我。可能的話，和你的慈悲自我取得聯繫，去感受慈悲自我的力量、成熟和智慧。
3. 確認你的內在達到可以讓慈悲自我進一步取得掌控的程度。
4. 和你的內在批判聯繫，提醒自己，批判事實上都是來自恐懼和悲傷。
5. 現在，讓你的慈悲自我跟內在批判說說話。以堅定但慈悲的口吻，讓內在批判知道，慈悲自我現在入主了你的內在。

以下是我的個案對他們的內在批判說的話：

「我知道你是好意，但我不再需要你了，我現在夠強壯，能夠照顧自己了。」

「很遺憾你受到驚嚇、很氣憤又感到脆弱，而且你因為這樣才會破口大罵。但實在沒有必要再這樣下去了。我將接管一切了。」

這個策略可能效果強大，尤其是如果你把內在批判想成是好心但被誤導的父母，他們只是想要保護你、讓你免於傷害。不管你真正的父母給了你多少負面訊息，他們可能是在試圖保護你（以免你失望、被拒絕或失敗）。因為感知到這件事，為了讓父母一直在你身邊，你的內在批判就被創造了出來。但是，你現在不再需要這內在批判，也就是這被內化的父母。現在你內心有了更慈悲的自我，它會用更慈愛的方式保護你，不會發出負面的訊息和警告。

也有個案注意到，事情進行的很順利時，他們就會開始危險駕駛、走路不小心撞到家具，或突如其來產生大大揮霍的衝動。一旦他們意識到內在破壞者出來壞事，很多人會更有決心——和能耐——要達成目標，要戰勝這內在的破壞者。他們繼續對內在破壞者大聲說話，慢慢地，他們發現到內在破壞者開始變虛弱了。它還是會不時地揚起頭來，但是他們準備好了，他們知道該怎麼做。

在這一章裡，我告訴了你那位殘障衝浪手的故事，希望藉此激勵你，提醒你去發覺自己的成就並引以為傲，別被折磨你一輩子的羞恥感拖累。我提供你建議，幫助你練習打造自我鼓勵。我也鼓舞你為自己所擁有的力量、勇氣和決心自豪，你的力量、勇氣和決心，克服了凡人皆經歷過的最大障

礙──折磨人的羞恥。

　　無疑地，你偶爾會有頓挫退步的時候，這也正是你要讓自我鼓勵的所有利器傾囊而出的時機，你擁有的利器，包括面對自己的限制和缺點時對自己仁慈、相信自己也相信自己克服缺點的能力、著眼於長處和優勢，別老盯著自己的弱點。

　　記得，每個人都有失敗的時候──這是生而為人的一部分，而且每一次的失敗都是很可貴的學習經驗。對自己承諾，萬一你沒有達到目標或辜負了自己的期待，你會溫和仁慈地對待自己、理解自己，而不是百般挑剔和批判自己。

　　為自己的不屈不撓、挺身面對和展望未來感到驕傲。千萬別讓羞恥奪走你活出自己的機會。

結語

　　雖然本書來到了尾聲，這卻是你透過自我慈悲的練習來改變人生的起點。你將發現，你越是以慈悲對待自己，你會越想要好好照顧自己，也越會想和尊重你、對你好的人在一起。隨著時間過去，你會發現你更少拿自己和別人比較，你也會發現你不再以自己的表現、外表或收入來衡量自己，而是從照顧自己的需要以及補足童年的缺失這兩方面，來看自己做得有多好。你會覺得更能融入人群，更不需要從人群中抽離、孤立自己。

　　最重要的是，你會把慈悲心傳遞下去，而不是施虐於人，包括施虐於自己的孩子，持續暴力的循環。當你對自己慈悲的能力更加苜壯，你會發現你對他人的慈悲心也隨之變強。你越能理解並原諒自己的錯誤和缺失，就越能理解並原諒別人的錯誤與缺失。當你越少對自己百般挑剔，也不再對自己設定不合理的期待，你就越不會對別人百般挑剔——尤其是對你最親近的人，像是你的孩子和另一半。當你不再無視於自己所受的苦，而是在苦惱的時候開始安慰、撫慰自己，你會發現，你關心他人受苦的能力也隨之增長。

　　我們常以為，容易落入受害模式的人，都是對別人比對自己更慈悲的人，其實未必如此。在情緒上或肢體上被另一半施虐的女人，可能受創很深，以至於渾然不覺她的孩子也在受苦。童年被性侵過的女人，通常也察覺不到她的孩子被性侵的跡象。如果她向自己承認孩子被性侵了，她就得面對自己曾遭性侵的記憶。處在這種情況下的女人，如果越能學會以慈悲對待自己所受的苦，她就越能看見孩子所受到的苦。

如果你目前處在受虐關係中，要知道一點：同情你的另一半以及他的掙扎和苦楚是好事，不過任由他繼續虐待你則不是。任由施虐的行為繼續下去對他沒有任何好處，事實上，你不僅加重了自己的羞恥，也加深了他的羞恥。

　　一旦你不再需要那麼努力地抵禦羞恥感，你將能把障眼物移開，真正看見別人的痛苦──包括由你造成的痛苦。對於後來變成施虐者的人來說，這代表你會再犯的可能性大減。一旦你的羞恥大半被消除後，你就越經得起更誠實地面對自己，包括承認自己過去有施虐的行為，而且當自己又開始變得會施虐時，更有警覺，懸崖勒馬。

後記

　　我們攜手走了這一段美妙的旅程，但願一路以來你能感受到我與你為伴——支持你、鼓勵你，並分享我的親身經歷。我知道在你閱讀這本書和進行相關練習的過程中，有時候內心很煎熬，但縱使這一切並不容易，你還是找到了繼續走下去的力量、勇氣和決心，對此，你應該感到自豪。

　　隨著羞恥的減少，我們開始相信自己值得擁有更美好的生活，可以走出陰影、抬頭挺胸，並了解不論自己原本的面貌為何，都值得被尊重、珍惜和被愛。但願你令內在批判之聲消音的努力有長足的進步，而且正逐步打造既慈悲又有愛的內在之聲，讓這慈愛之聲在你遇上困難時鼓勵你，在一切進行的很順利時嘉許你。但願你在持續療癒的過程中，接納必然會降臨到你身上的好事。最重要的是，但願你會越來越感到完整統合，而不是感到破碎和受損。

　　但願你能把自我慈悲的修練，在你的餘生持續下去。倘若如此，我敢說，你將受惠無窮。

　　療癒羞恥的傷痛這一趟旅程，不管是對我自己或對我的個案來說，都是這輩子獲益最大的一段路途。能夠和你們繼續走這一段路程，是我莫大的榮幸。

　　我很歡迎你把閱讀這本書的心得分享給我。

　　你可以寫信寄到我的電子信箱：beverly@beverlyengel.com。你也可以造訪我的網頁http://www.beverlyengel.com，來閱讀更多的文章，以及查詢工作坊和訓練課程的相關訊息。

　　最後，為各位獻上一首字字句句都發自我內心深處的詩：

致純真之人

你生來純真，

但它來不及展現便被奪走了。

你被迫去看，

去聽，

去感受

孩子不該體驗到的一切。

讓你覺得被玷汙，

被糟蹋，

被傷害的那些事，

奪走了你的完整。

你花費畢生歲月企圖洗刷

骯髒，

汙垢，

受虐的穢物。

你花上畢生歲月企圖回歸純真。

讓慈悲之水

洗淨你的羞恥。

這不是你的錯。

從來不是。

你是純真的。

你是純潔的。

在你心靈深處，你依然如此。

擁抱你的純真。

讓它滲透你全身。
看見它，
聆聽它，
感受它，
與它重新連繫，
回歸於它。
它是你原本的模樣。

參考書目

Barnard, L. K., and J. F. Curry. 2011. "Self-Compassion: Conceptualizations, Correlates, and Interventions." *Review of General Psychology* 15: 289–303.

Brach, T. 2003. *Radical Acceptance: Embracing Your Life with the Heart of a Buddha.* New York: Bantam Dell.

Cozolino, L. 2007. *The Neuroscience of Human Relationships: Attachment and the Developing Brain.* New York: Norton.

Engel, B. 1989. *The Right to Innocence: Healing the Trauma of Childhood Sexual Abuse.* New York: Random House.

———. 2001. *The Power of Apology: Healing Steps to Transform All Your Relationships.* Hoboken, NJ: John Wiley and Sons.

———. 2002. *The Emotionally Abusive Relationship.* Hoboken, NJ: John Wiley and Sons.

———. 2005. *Honor Your Anger.* Hoboken, NJ: John Wiley and Sons.

———. 2005. *Breaking the Cycle of Abuse: How to Move Beyond Your Past to Create an Abuse-Free Future.* Hoboken, NJ: John Wiley and Sons.

———. 2008. *The Nice Girl Syndrome.* Hoboken, NJ: John Wiley and Sons.

Germer, C. 2009. *The Mindful Path to Self-Compassion: Freeing Yourself from Destructive Thoughts and Emotions.* New York: Guilford Press.

Germer, C., and K. Neff. 2013. Self-Compassion in Clinical Practice. *Journal of Clinical Psychology in Session* 69(8): 856–67.

Gilbert, P. 1997. The Evolution of Social Attractiveness and Its Role in Shame, Humiliation, Guilt, and Therapy. *British Journal of Medical Psychology* 70: 113–147.

———. 2003. Evolution, Social Roles, and Differences in Shame and Guilt. *Social Research* 70: 1205–30.

———. 2005. Compassion and Cruelty: A Biopsychosocial Approach. In *Compassion: Conceptualizations, Research, and Use in Psychotherapy*, edited by P. Gilbert. London: Routledge.

———. 2009. *The Compassionate Mind: A New Approach to Life's Challenges*. Oakland, CA: New Harbinger Publications.

Gilbert, P., and J. N. V. Miles. 2000. Sensitivity to Putdowns: Its Relationship to Perceptions of Shame, Social Anxiety, Depression, Anger and Self-Other Blame. *Personality and Individual Differences* 29: 757–74.

Gilbert, P., and S. Procter. 2006. Compassionate Mind Training for People with High Shame and Self-Criticism: Overview and Pilot Study of a Group Therapy Approach. *Clinical Psychology and Psychotherapy* 13: 353–79.

Gilligan, J. 2003. Shame, Guilt, and Violence. *Social Research* 70: 1149–80.

Harlow, C. W. 1999. Prior Abuse Reported by Inmates and Probationers. NCJ-172879. Washington, DC: U.S. Department of Justice.

Herman, Judith, M.D. 1997. *Trauma and Recovery*. New York. Basic Books.

Hirigoyen, M. F. 2000. *Stalking the Soul: Emotional Abuse and the Erosion of Identity*. New York: Helen Marx Books.

Jonsson, A., and K. Segesten. 2004. "Guilt, Shame, and Need for a Container: A Study of Post-Traumatic Stress Among Ambulance Personnel." *Accident* and *Emergency Nursing* 12: 215–23.

Kaufman, G. 1992. *Shame: The Power of Caring.* Rochester, VT: Schenkman Books.

Leary, M. R., E. B. Tate, C. E. Adams, A. B. Allen, and J. Hancock. 2007. "Self-Compassion and Reactions to Unpleasant Self-Relevant Events: The Implications of Treating Oneself Kindly." *Journal of Personality and Social Psychology* 92: 887–904.

Longe, O., F. A. Maratos, P. Gilbert, G. Evans, F. Volker, H. Rockliff, and G. Rippon. 2010. "Having a Word with Yourself: Neural Correlates of Self-Criticism and Self-Reassurance." *Neuroimage* 49: 1849–56.

MacBeth, A., and A. Gumley. 2012. "Exploring Compassion: A Meta-Analysis of the Association Between Self-Compassion and Psychopathology." *Clinical Psychology Review* 32: 545–52.

Mellin, L. 2003. *The Pathway: Follow the Road to Health and Happiness.* New York: Regan Books.

Miller, A. 1984. *For Your Own Good: Hidden Cruelty in Child-Rearing and the Roots of Violence.* New York: Farrar, Straus & Giroux.

Neff, K. D. 2003a. "The Development and Validation of a Scale to Measure Self-Compassion." *Self and Identity* 2: 223–50.

———. 2003b. "Self-Compassion: An Alternative Conceptualization of a Healthy Attitude Toward Oneself." *Self and Identity* 2: 85–101.

———. 2011. *Self-Compassion: Stop Beating Yourself Up and Leave Insecurity Behind.* New York: William Morrow.

———. 2012. "The Science of Self-Compassion." In *Wisdom and Compassion in Psychotherapy,* edited by C. K. Germer and R. Siegel. New York: Guilford Press.

Neff, K. D., K. L. Kirkpatrick, and S. S. Rude. 2007. "Self-Compassion and Adaptive Psychological Functioning." *Journal of Research in Personality* 41: 139–154.

Neff, K. D., and P. McGehee. 2010. "Self-Compassion and Psychological Resilience Among Adolescents and Young Adults." *Self and Identity* 9: 225–40.

Swan, N. 1998. "Exploring the Role of Child Abuse on Later Drug Abuse." *NIDA Notes* 13.

Tangney, J. P., and R. L. Dearing. 2002. *Shame and Guilt*. New York: Guilford Press.

Thompson, B. L., and J. Waltz. 2008. "Self-Compassion and PTSD Symptom Severity." *Journal of Traumatic Stress* 21: 556–58.

U.S. Department of Health and Human Services. 2013. "Long-Term Consequences of Child Abuse and Neglect." Washington, DC: Child Welfare Information Gateway.

Vettese, L. C., C. E. Dyer, W. L. Li, and C. Wekerle. 2011. "Does Self-Compassion Mitigate the Association Between Childhood Maltreatment and Later Emotional Regulation Difficulties?" *International Journal of Mental Health and Addiction* 9: 480–91.

Viorst, J. 1986. *Necessary Losses: The Loves, Illusions, Dependencies, and Impossible Expectations That All of Us Have to Give Up in Order to Grow*. New York: Free Press.

延伸閱讀

◎心理大師經典著作

- 《小漢斯：畏懼症案例的分析》（2006），西格蒙特‧佛洛伊德（Sigmund Freud），心靈工坊。
- 《狼人：孩童期精神官能症案例的病史》（2006），西格蒙特‧佛洛伊德（Sigmund Freud），心靈工坊。
- 《鼠人：強迫官能症案例之摘錄》（2006），西格蒙特‧佛洛伊德（Sigmund Freud），心靈工坊。
- 《愛、罪疚與修復》（2009），梅蘭妮‧克萊恩（Melanie Klein），心靈工坊。
- 《兒童分析的故事》（2006），梅蘭妮‧克萊恩（Melanie Klein），心靈工坊。
- 《兒童精神分析》（2005），梅蘭妮‧克萊恩（Melanie Klein），心靈工坊。
- 《嫉羨和感恩》（2005），梅蘭妮‧克萊恩（Melanie Klein），心靈工坊。
- 《給媽媽的貼心書：孩子、家庭和外面的世界》（2009），唐諾‧溫尼考特（Donald W. Winnicott），心靈工坊。
- 《遊戲與現實》（2009），唐諾‧溫尼考特（Donald W. Winnicott），心靈工坊。
- 《塗鴉與夢境》（2007），唐諾‧溫尼考特（Donald W. Winnicott），心靈工坊。

◎其他參考閱讀

● 《被出賣的童年》（2013），喬爾‧巴肯（Joel Bakan），天下雜誌。

● 《解鎖：創傷療癒地圖》（2013），彼得‧列文（Peter A. Levine），張老師文化。

● 《創造性治療：創傷兒童的實務工作手冊》（2012），凱西‧瑪契歐迪（Cathy A. Malchiodi），學富文化。

● 《創傷之源起：透視兒童虐待與精神疾病之問題》（2012），江建勳，台灣商務。

● 《人類發展：兒童心理學》（2011），黛安娜、巴巴利亞（Papalia, Diane E）、莎莉、歐茨（Olds, Sally Wendkos），科技圖書。

● 《心靈治癒生命的八個階段》（2011），馬修‧林恩（Matthew Linn）等，上智。

● 《壞女兒》（2010），朱絲婷‧李維（Justine Levy），台灣商務。

● 《精神分析歷程》（2009），唐諾●梅茨爾（Donald Meltzer），五南。

● 《說故事的魔力：兒童與敘事治療》（2008），麥克‧懷特、艾莉絲‧摩根（Michael White, Alice Morgan），心靈工坊。

● 《愛的序位》（2008），伯特‧海寧格（Bert Hellinger），商周。

● 《依附關係的修復：喚醒嚴重創傷兒童的愛》（2007），修思（D.A. Hughes），心理。

● 《創傷治療：精神分析取向》（2007），卡洛琳‧格蘭（Caroline Garland），五南。

- 《哈利波特與神隱少女：進入孩子的內心世界》（2006），山中康裕，心靈工坊。
- 《家暴自療30：偉偉的黑色日記》（2005），黎詩彥，葉子。
- 《兒童與青少年精神健康問題：觸動與關懷》（2005），趙雨龍、秦安琪，心理。
- 《沙遊療法與表現療法》（2004），山中康裕，心靈工坊。
- 《心理史學》（2001），張廣智、周兵，揚智。
- 《尋找天堂的天使：受虐兒的故事》（1998），中華兒童福利基金會，平安文化。
- 《父母會傷人》（2003），蘇珊‧佛渥德博士、克雷格●巴克（Forward Susan, Buck Craig），張老師文化。
- 《家庭會傷人》（2006），約翰‧布萊蕭（John Bradshaw），張老師文化。
- 《孩子，別怕：關心目睹家暴兒童》（2004），貝慈●葛羅思（Betsy McAlister Groves），心靈工坊。
- 《你的孩子不是你的孩子：被考試綁架的家庭故事 一位家教老師的見證》（2014），吳曉樂，網路與書出版。
- 《其實你沒有學會愛自己：練習以愛，重新陪自己長大》（2014），蘇絢慧，寶瓶文化。
- 《為什麼不愛我？：療癒無愛童年的傷痛》（2015），蘇絢慧，寶瓶文化。
- 《拯救莎曼珊：逃離童年創傷的復原旅程》（2009），莎曼珊‧薇佛（Samantha C. Weaver），心靈工坊。
- 《失落的童年：性侵害加害者相關的精神分析觀》（2012），約翰‧伍茲（John Woods），心靈工坊。
- 《一個被性侵女軍官的手記：粉碎心靈的復原歷程》

（2013），Shulan，文經社。

- 《波瀾與細流：台灣婚暴服務初啟時》（2014），縷花等，心靈工坊。
- 《沉默：台灣某特教學校集體性侵事件》（2014），陳昭如，我們出版。
- 《不再沉默》（2016），陳潔皓，寶瓶文化。
- 《好父母是後天學來的：王浩威醫師的親子門診》（2012），王浩威，心靈工坊。
- 《幸福童年的祕密》（2014），愛麗絲・米勒（Alice Miller），心靈工坊。
- 《夏娃的覺醒》（2014），愛麗絲・米勒（Alice Miller），心靈工坊。
- 《小大人症候群》（2013），約翰・弗瑞爾（John. C. Friel）、琳達・弗瑞爾（Linda. D. Friel），心靈工坊。
- 《減壓，從一粒葡萄乾開始》（2012，隨書附有正念減壓練習引導MP3 CD），鮑伯・史鐸、依立夏・高斯坦，心靈工坊。
- 《正念父母心，享受每天的幸福》，（2013），麥菈和喬・卡巴金，心靈工坊。
- 《找回內心的寧靜：憂鬱症的正念認知療法（第二版）》（2015），辛德・西格爾、馬克・威廉斯、約翰・蒂斯岱，心靈工坊。
- 《教我如何原諒你？》（2011），珍妮絲・亞伯拉罕・史普林、麥可・史普林，心靈工坊。
- 《受傷的醫者：心理治療開拓者的生命故事》（2014），林克明，心靈工坊。
- 《重新學會愛：在傷痛中自我修復，創造幸福》（2015），鮑赫斯・西呂尼克（Boris Cyrulnik），心靈工坊。

心靈工坊
PsyGarden
SelfHelp 029

這不是你的錯

對自己慈悲，撫慰受傷的童年

It Wasn't Your Fault : Freeing Yourself from the Shame of Childhood Abuse
with the Power of Self-Compassion

作者—貝芙莉・英格爾（Beverly Engel, LMFT）
譯者—廖婉如

出版者—心靈工坊文化事業股份有限公司　發行人—王浩威
總編輯—王桂花　特約編輯—簡淑媛　執行編輯—黃福惠
內文排版—李宜芝　封面設計—蕭佑任

通訊地址—10684台北市大安區信義路四段53巷8號2樓
郵政劃撥—19546215　戶名—心靈工坊文化事業股份有限公司
電話—02）2702-9186　傳真—02）2702-9286
Email—service@psygarden.com.tw
網址—www.psygarden.com.tw
製版・印刷—中茂分色製版印刷事業股份有限公司
總經銷—大和書報圖書股份有限公司
電話—02）8990-2588　傳真—02）2990-1658
通訊地址—242 新北市新莊區五工五路二號
初版一刷—2016年6月　ISBN—978-986-357-063-9　定價— 350元

IT WASN'T YOUR FAULT: FREEING YOURSELF FROM THE SHAME OF
CHILDHOOD ABUSE WITH THE POWER OF SELF-COMPASSION by
BEVERLY ENGEL, LMFT
Copyright: © This edition arranged with NEW HARBINGER PUBLICATIONS
through BIG APPLE AGENCY, INC., LABUAN, MALAYSIA.
Traditional Chinese edition copyright: 2016 PSYGARDEN PUBLISHING COMPANY
All rights reserved.

國家圖書館出版品預行編目資料

這不是你的錯：對自己慈悲，撫慰受傷的童年 / 貝芙莉.英格爾(Beverly Engel)著；廖婉如譯. -- 初版. -- 臺北市：
心靈工坊文化，2016.05　面；　公分

譯自：It wasn't your fault : freeing yourself from the shame of childhood abuse with the power of self-compassion

ISBN 978-986-357-063-9(平裝)

1.心理治療　2.受虐事件　3.創傷後障礙症

178.8　　　　　　　　　　　　　　　　　　　　　　　　　　　　105007043

心靈工坊 書香家族 讀友卡

感謝您購買心靈工坊的叢書，為了加強對您的服務，請您詳填本卡，
直接投入郵筒（免貼郵票）或傳真，我們會珍視您的意見，
並提供您最新的活動訊息，共同以書會友，追求身心靈的創意與成長。

書系編號－SH028　　　書名－這不是你的錯：對自己慈悲，撫慰受傷的童年

姓名　　　　　　　　　　　　是否已加入書香家族？ □是 □現在加入

電話（公司）　　　　　　（住家）　　　　　手機

E-mail　　　　　　　　　　　生日　年　　　月　　　日

地址 □□□

服務機構／就讀學校　　　　　　　　　職稱

您的性別—□1.女 □2.男 □3.其他

婚姻狀況—□1.未婚 □2.已婚 □3.離婚 □4.不婚 □5.同志 □6.喪偶 □7.分居

請問您如何得知這本書？
□1.書店 □2.報章雜誌 □3.廣播電視 □4.親友推介 □5.心靈工坊書訊
□6.廣告DM □7.心靈工坊網站 □8.其他網路媒體 □9.其他

您購買本書的方式？
□1.書店 □2.劃撥郵購 □3.團體訂購 □4.網路訂購 □5.其他

您對本書的意見？
封面設計　　　　　　□1.須再改進 □2.尚可 □3.滿意 □4.非常滿意
版面編排　　　　　　□1.須再改進 □2.尚可 □3.滿意 □4.非常滿意
內容　　　　　　　　□1.須再改進 □2.尚可 □3.滿意 □4.非常滿意
文筆／翻譯　　　　　□1.須再改進 □2.尚可 □3.滿意 □4.非常滿意
價格　　　　　　　　□1.須再改進 □2.尚可 □3.滿意 □4.非常滿意

您對我們有何建議？

廣　告　回　信
台北郵局登記證
台北廣字第1143號
免　貼　郵　票

台北市106 信義路四段53巷8號2樓
讀者服務組　收

免　　貼　　郵　　票　　　　　　　　　（對折線）

加入心靈工坊書香家族會員
共享知識的盛宴，成長的喜悅

請寄回這張回函卡（免貼郵票），
您就成為心靈工坊的書香家族會員，您將可以──

⊙隨時收到新書出版和活動訊息

⊙獲得各項回饋和優惠方案